LIBRO DE ACTIVIDADES

PARQUE NACIONAL

YELLOWSTONE

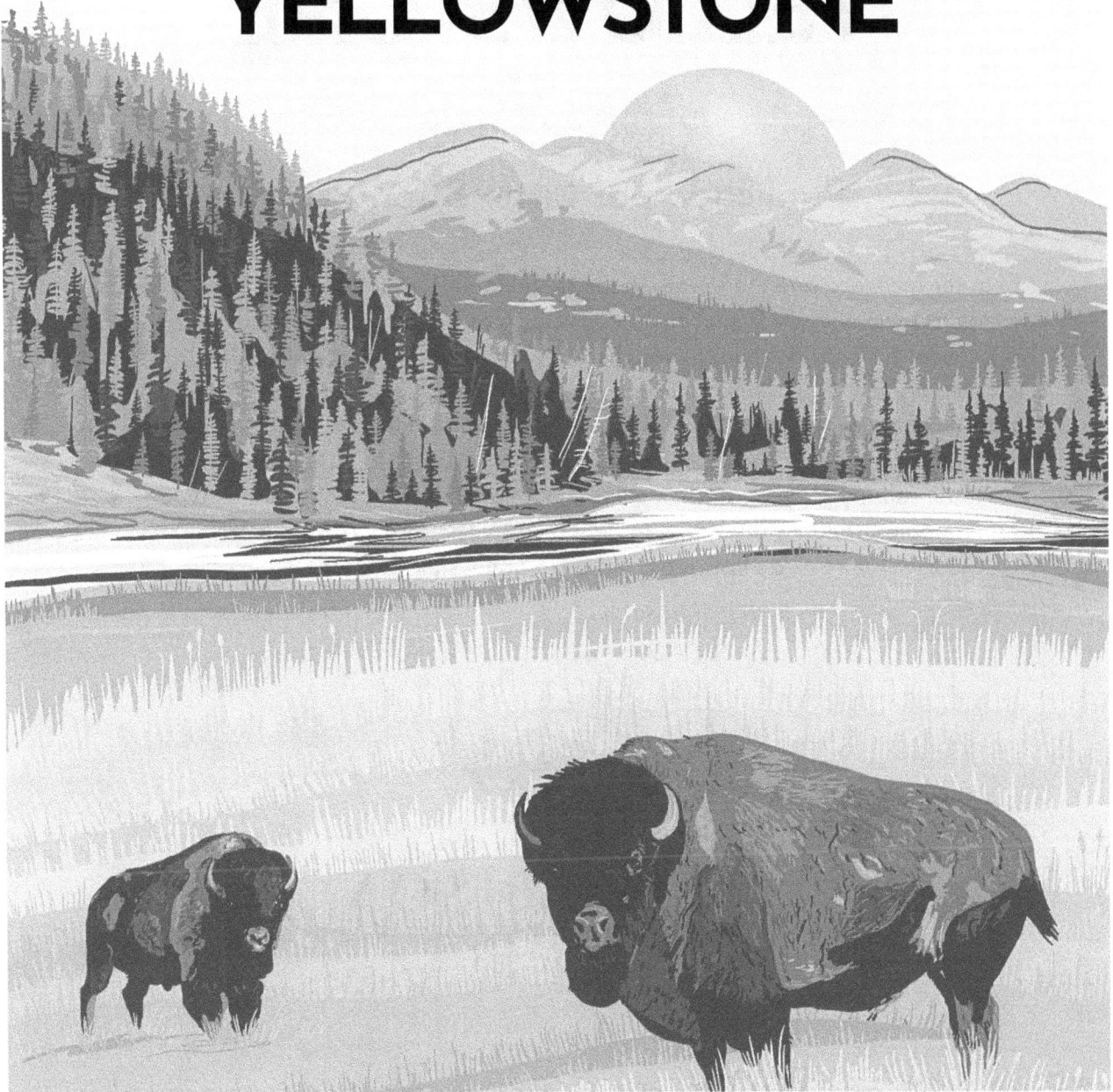

SERIE ACTIVIDADES EN PARQUES NACIONALES

LIBRO DE ACTIVIDADES
PARQUE NACIONAL
YELLOWSTONE

Copyright 2021
Publicado por Little Bison Press

LITTLE BISON
Press

Para más actividades gratuitas de parques nacionales, visita www.littlebisonpress.com

Acerca del Parque Nacional Yellowstone

El Parque Nacional Yellowstone se destaca por numerosas razones. La mayor parte del parque está ubicada en el estado de Wyoming, pero también abarca parte de Idaho y de Montana. Yellowstone fue el primer parque nacional creado en Estados Unidos (1872), pero también fue el primer parque nacional del mundo.

El Parque es famoso por sus características hidrotermales. Hay géiseres, fuentes termales, piscinas de barro y fumarolas. Más de la mitad de los géiseres del mundo están ubicados allí. Los géiseres son un tipo de fuente termal que hace erupción debido a la presión, por la que despide vapor y chorros de agua al aire. Old Faithful es uno de los géiseres más populares del Parque. Hace erupción en horarios predecibles.

Los visitantes pueden ver vida silvestre en el Parque Nacional Yellowstone: bisontes, osos, lobos y muchos otros animales viven en zonas dentro del Parque y en sus alrededores. Si los ves, ¡asegúrate de darles su espacio!

El Parque Nacional Yellowstone es famoso por sus siguientes características:
- Es el primer parque nacional del mundo.
- Tiene características hidrotermales.
- Posee una maravillosa vida silvestre.

¡Hola!, ¡soy Parker!

¡Soy el único caracol de la historia en visitar cada parque nacional de Estados Unidos! Únete a mí en mis aventuras en el Parque Nacional Yellowstone.

En este libro, aprenderemos sobre la historia del Parque, los animales y plantas que alberga, y las cosas que puedes hacer si alguna vez vas de visita. ¡Este libro también está lleno de juegos y de actividades!

Por último, pero no menos importante, estoy oculto nueve veces en páginas diferentes. ¿Cuántas veces puedes encontrarme? ¡Esta página no cuenta!

Bingo Yellowstone

¡Juguemos al bingo! Tacha cada cuadrado con la actividad que logres hacer durante tu visita al Parque. Intenta conseguir una línea de bingo horizontal, vertical o diagonal.

Si no puedes visitar el Parque, utiliza el cartón de bingo para planificar tu viaje perfecto. Elige algunas actividades que te gustaría hacer durante tu visita. ¿Qué harías primero? ¿Cuánto tiempo te quedarías? ¿Qué animales intentarías ver?

VER UN BISONTE	VER UN GÉISER	IDENTIFICAR UN ÁRBOL	TOMAR UNA FOTO EN UN MIRADOR	VER UNA PELÍCULA EN EL CENTRO DE VISITANTES
HACER SENDERISMO	APRENDER SOBRE LOS PUEBLOS INDÍGENAS QUE VIVEN EN LA ZONA	PRESENCIAR UN AMANECER O UN ATARDECER	OBSERVAR EL CIELO NOCTURNO	OLER UNA PISCINA DE BARRO
OÍR EL CANTO DE UN AVE	VER UN ARCOÍRIS EN UNA FUENTE TERMAL		DARSE UN CHAPUZÓN EN EL RÍO BOILING	VISITAR LA OFICINA DEL GUARDA-PARQUE
RECOGER DIEZ TROZOS DE BASURA	ACAMPAR	VER UN CIERVO CANADIENSE	CAMINAR POR UNA PASARELA	VER UN AVE DE PRESA
APRENDER CÓMO OBSERVAR VIDA SILVESTRE DE MANERA SEGURA	VER EL OLD FAITHFUL INN	HACER UN PÍCNIC	DESCUBRIR HUELLAS DE UN ANIMAL	PARTICIPAR DE UNA ACTIVIDAD CON EL GUARDA-PARQUE

Logo del Parque Nacional

El Sistema de Parques Nacionales tiene más de 400 unidades en Estados Unidos. Al igual que el Parque Nacional Yellowstone, cada ubicación es única o especial de alguna manera. Las áreas incluyen otros parques nacionales, sitios históricos, monumentos, zonas costeras, y otros lugares de recreación.

Cada elemento del emblema del Parque Nacional representa algo que el Servicio de Parques Nacionales protege. Completa cada espacio en blanco con las palabras del recuadro para mostrar lo que representa cada símbolo.

MONTAÑAS - PUNTA DE FLECHA -

BISONTE - SECUOYA - AGUA

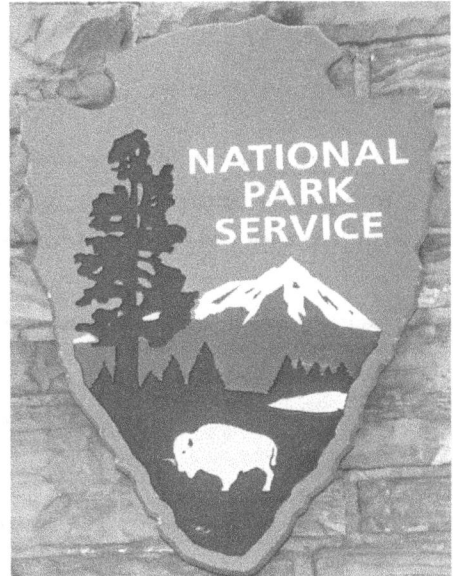

Representa todas las plantas: _____

Representa todos los animales: _____

Representa todos los paisajes: _____

Representa las aguas protegidas por el servicio de parques: _____

Representa todos los objetos de valor histórico o arqueológico: _____

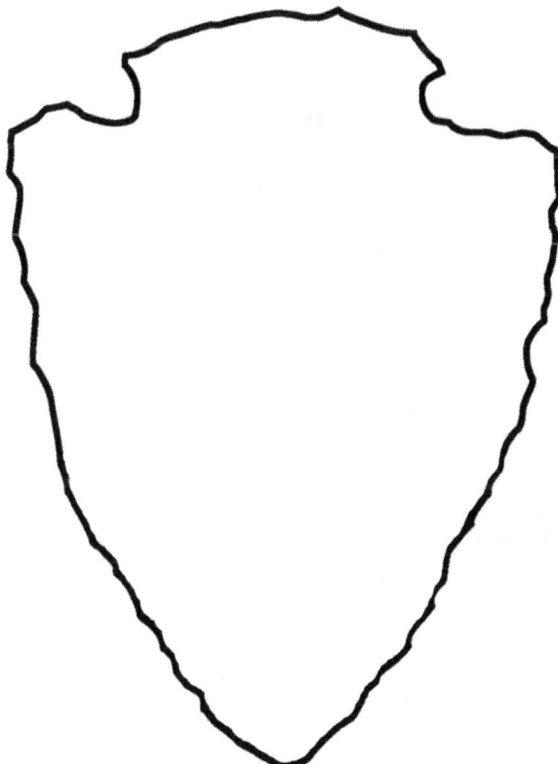

¡Tu turno! Finge que estás diseñando un nuevo parque nacional. Agrega elementos al diseño, que representen las cosas que protege tu parque.

¿Cuál es el nombre de tu parque?

Describe por qué incluiste los símbolos elegidos. ¿Qué significan?

Sudoku de símbolos

El Sistema de Parques Nacionales marca los mapas de los parques con símbolos en lugar de utilizar palabras. Son fáciles de comprender y ocupan mucho menos espacio en un mapa pequeño.

Comienzo del sendero   Cascada   Naturaleza   Área de campamento

Completa este sudoku de símbolos. Llena cada cuadrado con uno de los símbolos. Cada uno solo puede aparecer una vez en cada columna, fila y minicuadrícula de 2x2. Cada símbolo significa algo, así que puedes escribir lo que representa en lugar de dibujarlo, si lo prefieres.

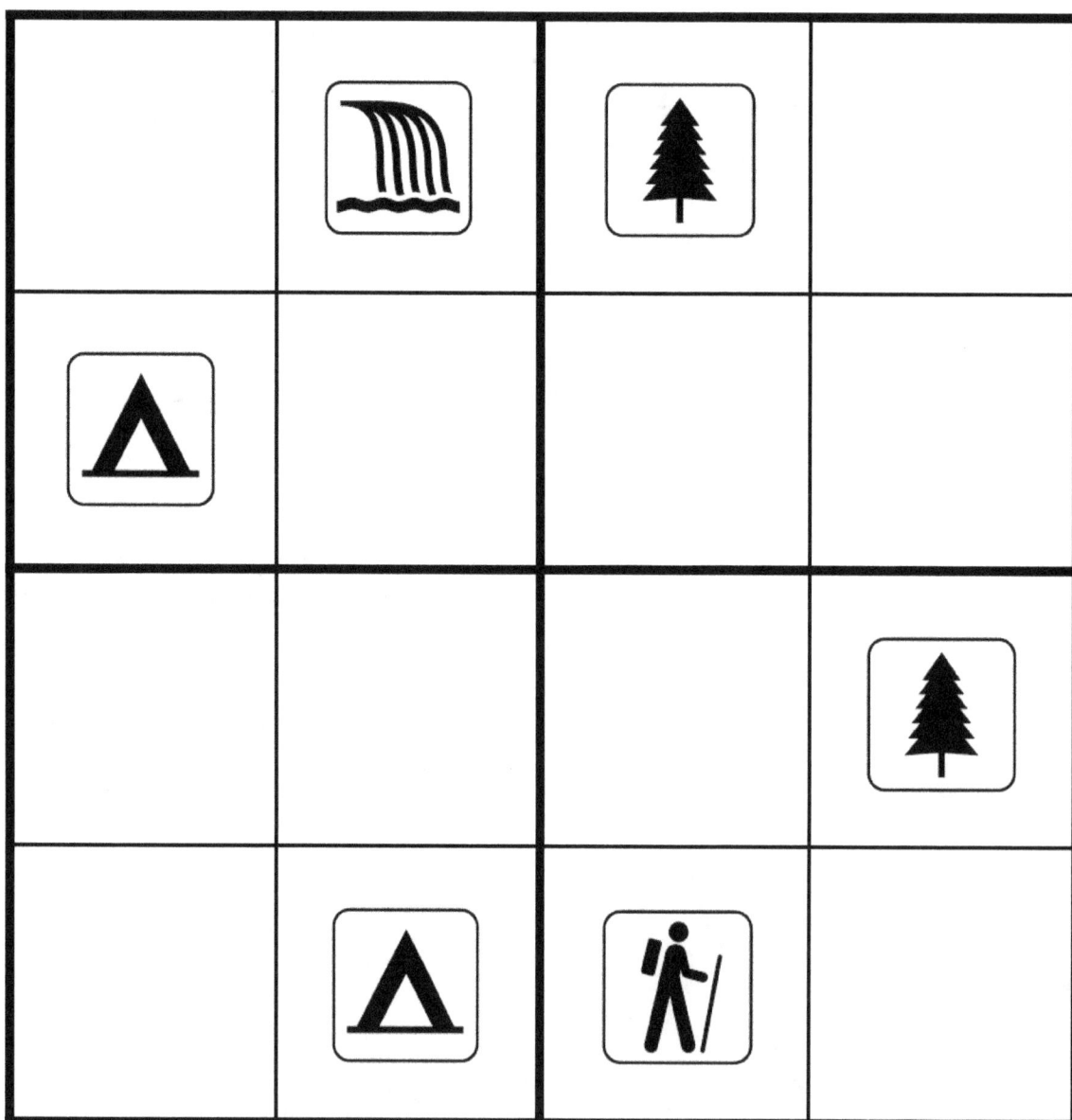

Hacer la diferencia

Es importante proteger los recursos valiosos del mundo, y no solo los lugares hermosos como los parques nacionales.

¿Cuántas de estas cosas haces en casa? Si respondiste: "No" a más de 10 preguntas, habla con los adultos cercanos a ti para ver si hay algunos hábitos hogareños que puedas cambiar. Conservar nuestros recursos colectivos nos ayuda a todos.

Sí	No	
☐	☐	¿Cierras el grifo mientras te cepillas los dientes?
☐	☐	¿Utilizas luces LED donde sea posible?
☐	☐	¿Usas botellas de agua reutilizables en lugar de descartables?
☐	☐	¿Viajas en bicicleta o en autobús en lugar de ir en auto?
☐	☐	¿Tienes contenedores bajo las canaletas para juntar agua de lluvia?
☐	☐	¿Te bañas rápido?
☐	☐	¿Evitas servirte más comida de la que consumirás?
☐	☐	¿Tienes contenedores reutilizables para llevar el almuerzo?
☐	☐	¿Tienes una huerta?
☐	☐	¿Compras artículos con menos envoltorio o envase?
☐	☐	¿Reciclas papel?
☐	☐	¿Reciclas plástico?
☐	☐	¿Tienes compost en tu casa para preparar tu propia tierra?
☐	☐	¿Levantas basura cuando la ves en la calle?
☐	☐	¿Planificas vacaciones en casa y vuelas solo cuando es necesario?

Sí   No

¡Suma tus respuestas! ¿Hay algunos "No" que quisieras convertir en "Sí"?

¿Se te ocurren otras maneras de proteger nuestros recursos naturales?

Observa aves en Swan Lake Flats

Inicio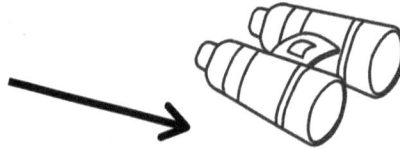

¿SABÍAS?
El Parque Nacional Yellowstone es hogar de varias aves de presa, incluidos las águilas, las águilas pescadoras y los búhos. Las aves de presa son aquellas aves que cazan otros animales para comer.

Búsqueda de aves

El Parque Nacional Yellowstone es un excelente lugar para observar aves. No es necesario que sepas identificar las diferentes especies para divertirte. Abre bien los ojos y agudiza los oídos. Marca la mayor cantidad de aves posible en la siguiente lista:

☐ Un ave colorida

☐ Un ave grande

☐ Un ave marrón

☐ Un ave pequeña

☐ Un ave en un árbol

☐ Un ave que esté saltando

☐ Un ave con plumas largas en su cola

☐ Un ave que esté volando

☐ Un ave que esté haciendo ruido

☐ Un nido

☐ Un ave que esté comiendo o cazando

☐ Una huella de ave

☐ Un ave con manchas

☐ Un ave con franjas en alguna parte del cuerpo

¿Cuál fue el ave más fácil de encontrar? ¿Cuál fue la más difícil? ¿Por qué crees que fue así?

_____

_____

_____

Parque Nacional Yellowstone

Fecha:

Estación del año:

¿Con quién fui?:

¿Cuál entrada utilicé?:

¿Cómo fue tu experiencia? Escribe algunas oraciones sobre tu viaje: ¿dónde te alojaste? ¿Qué hiciste? ¿Cuál fue tu actividad favorita? Si aún no has visitado el parque, escribe un párrafo fingiendo que lo hiciste.

_____

_____

_____

_____

_____

SELLOS

Muchos parques nacionales y monumentos cuentan con sellos para los visitantes. Estos sellos de goma registran la fecha de visita y el lugar que visitaste. Muchas personas los coleccionan como un recuerdo gratuito. Verifica con un guardaparque para ver dónde puedes obtener un sello durante tu visita. Si no puedes conseguir uno, dibuja el tuyo.

¿Dónde está el Parque?

El Parque Nacional Yellowstone está ubicado en el noroeste de Estados Unidos. Se ubica, principalmente, en Wyoming, pero también abarca Montana y Idaho.

Montana, Idaho y
Wyoming

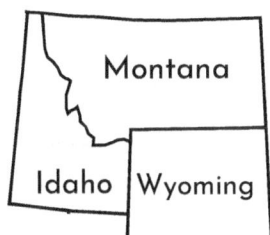

Mira la silueta de Wyoming, Montana y Idaho. ¿Puedes encontrarlos en el mapa? Si eres de Estados Unidos, ¿puedes encontrar el estado donde vives? Pinta Montana de azul, Idaho de verde y Wyoming de rojo. Coloca una estrella en el estado donde vives.

Conecta los puntos

Conecta los puntos para descubrir una pequeña criatura. Existen tres clases diferentes de esta dentro del Parque Nacional Yellowstone.

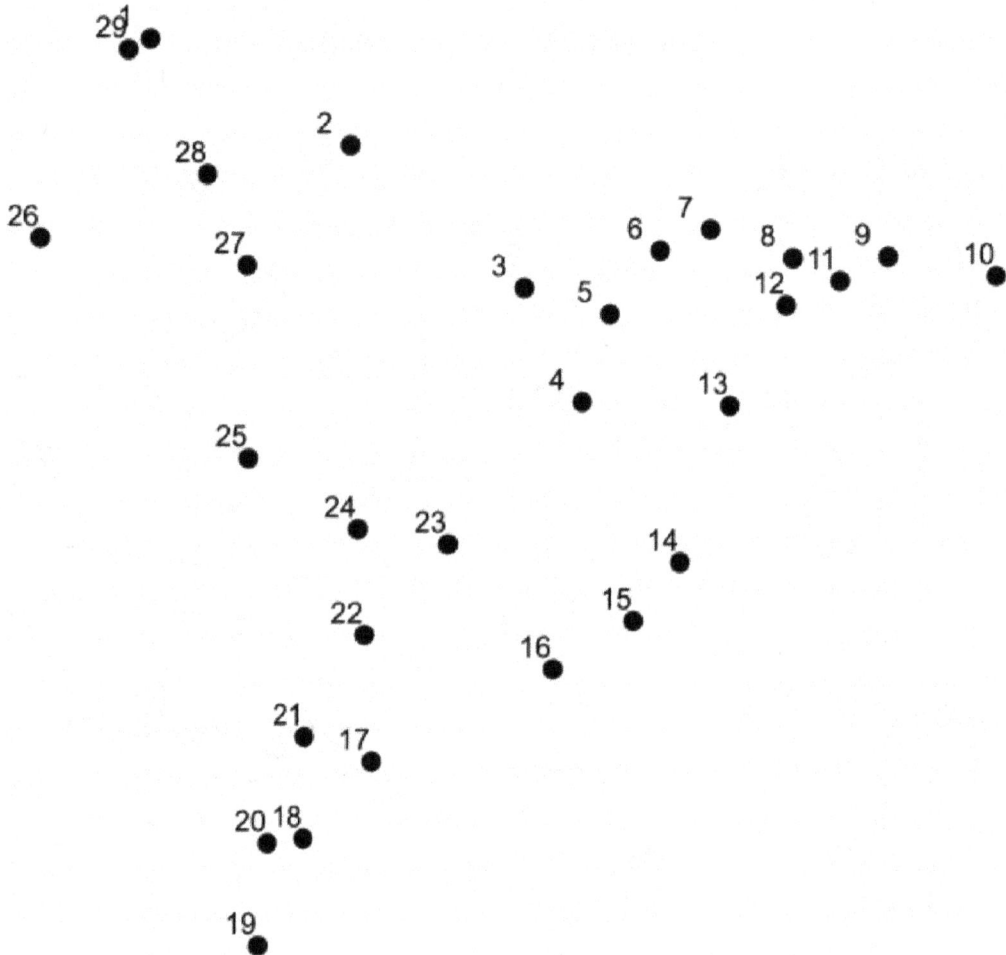

Su ritmo cardíaco puede llegar hasta 1260 latidos por minuto, y su frecuencia respiratoria, a 250 respiraciones por minuto. ¿Alguna vez has medido tu frecuencia respiratoria? Pídele a un amigo o a un pariente que cronometre 60 segundos. Una vez que digan: "Ya", intenta respirar normalmente. Cuenta cada respiración hasta que te digan: "¡Alto!". ¿Cómo se comparan tus respiraciones por minuto con las del colibrí?

Los tejones son habituales en el Parque Nacional Yellowstone. Están acostumbrados a cavar.

Yellowstone es el único lugar en los Estados Unidos contiguos donde existe población de bisontes desde la época prehistórica.

¿Quién vive aquí?

A continuación, hay 7 animales que viven en el Parque.
Utiliza las palabras del recuadro para llenar los espacios en blanco.

PATO ARLEQUÍN - ALCE - BISONTE - BÚHO PIGMEO - TEJÓN -
PUMA - NUTRIA DE RÍO

☐☐☐☐■ P ☐☐☐☐☐

A ☐☐☐

☐☐☐ R ☐☐■☐☐■☐☐☐

☐☐☐☐■☐☐☐☐ Q ☐☐☐

☐ U ☐☐

☐ E ☐☐☐

☐☐ S ☐☐☐☐

Los puercoespines son conocidos por su mecanismo de defensa: ¡sus púas! Si lo atacan, esas púas se desprenden fácilmente del lomo del puercoespín y se clavan en depredadores potenciales.

El castor es el roedor más grande de Norteamérica.

Nombres comunes
versus
Nombres científicos

El nombre común de un organismo es aquel que se le da en el lenguaje de uso diario. Has oído los nombres comunes de plantas, animales y otros seres vivientes en la televisión, en los libros y en la escuela. Para referirse a los nombres comunes, se puede hablar de "nombres en español" o "nombres populares". Los nombres comunes pueden variar según el lugar en el mundo. El nombre de un árbol en particular puede ser diferente en otro país. Los nombres comunes pueden variar incluso dependiendo de la región dentro de un mismo país.

Los nombres científicos, o nombres en latín, se utilizan para que sea posible tener una designación uniforme para la misma especie. Los nombres científicos están en latín. Es posible que hayas oído una referencia a plantas o a animales por su nombre científico, o por una parte de su nombre científico. El nombre en latín también se denomina "nomenclatura binominal", ya que se refiere a un sistema de nombres de dos partes. La primera parte del nombre (el nombre genérico) se refiere al género al que pertenece la especie. La segunda parte del nombre (el nombre específico) identifica la especie. Por ejemplo, *Tyrannosaurus rex* es un ejemplo de un nombre científico ampliamente conocido.

Oso negro americano

Ursus americanus

NOMBRE COMÚN

Garza morena

Ardea herodias

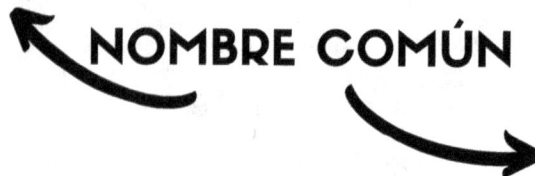

NOMBRE EN LATÍN = GÉNERO + ESPECIE

Garza morena = *Ardea herodias*

Oso negro = *Ursus americanus*

¡Encuentra las parejas!
Nombres comunes y nombres en latín

Une el nombre común con el nombre científico para cada animal. El primero ya está resuelto. Utiliza pistas en la página anterior y posterior para completar las parejas.

Ciervo canadiense	*Haliaeetus leucocephalus*
Enebro común	*Ursus americanus*
Abeto de Douglas	*Bison bison*
Oso negro americano	*Canis lupis*
Búho americano	*Juniperus communis*
Águila calva	*Charina bottae*
Bisonte americano	*Bubo virginianus*
Lobo	*Cervus canadensis*
Boa de goma del norte	*Pseudotsuga menziesii*

Águila calva

Haliaeetus leucocephalus

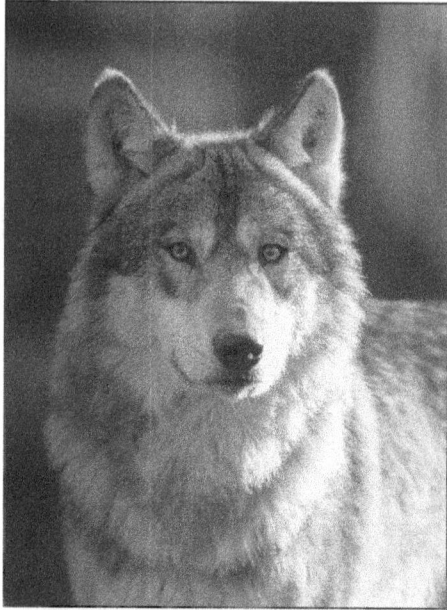

Lobo
Canis Lupis

Águila calva
Haliaeetus leucocephalus

Búho americano
Bubo virginianus

Algunas plantas y animales que viven en Yellowstone

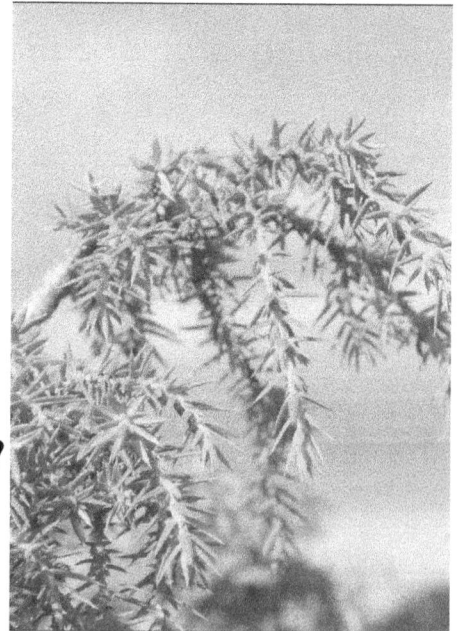

Enebro común
Juniperus communis

Bisonte americano
Bison bison

Boa de goma del norte
Charina bottae

Lista de artículos para acampar

¿Qué deberías llevar cuando te vas de campamento? Finge que estás a cargo del viaje de campamento de tu familia. Haz una lista de lo que debes llevar para tener seguridad y comodidad en una excursión nocturna. Del lado derecho del cuadro encontrarás algunas consideraciones para tener en cuenta.

1.

2.

3.

4.

5.

6.

7.

8.

9.

10.

11.

12.

13.

14.

15.

16.

- ¿Qué consumirás en cada comida del día?

- ¿Cómo estará el clima?

- ¿Dónde dormirás?

- ¿Qué harás durante tu tiempo libre?

- ¿Cuánto lujo quieres para tu campamento?

- ¿Cómo cocinarás?

- ¿Cómo verás de noche?

- ¿Cómo te desharás de la basura?

- ¿Qué podrías necesitar en caso de emergencia?

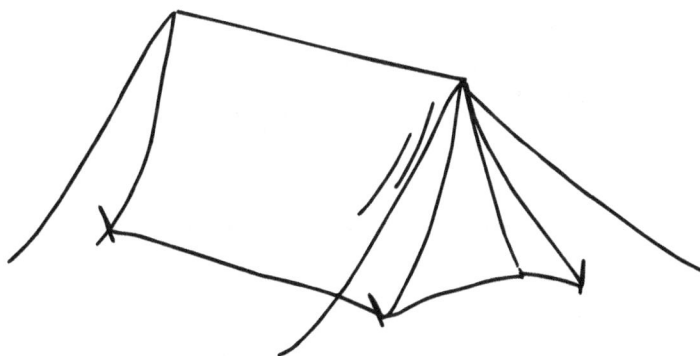

Los diez esenciales

"Los diez esenciales" es una lista de cosas que es importante tener cuando sales a hacer senderismo de larga distancia. Si sales a caminar por zonas rurales o aisladas, es sumamente importante que tengas todo lo que necesitas en caso de emergencia. Si te pierdes o sucede algo imprevisto, es bueno estar preparado/a para sobrevivir hasta que llegue la ayuda.

La lista de los diez esenciales fue creada en la década de 1930 por un grupo llamado *The Mountaineers*. Con el tiempo y con los avances tecnológicos, la lista ha evolucionado. ¿Puedes identificar todas las cosas en la lista actual? Encierra con un círculo los "esenciales" y tacha todo lo que no corresponda.

fuego: fósforos, encendedor, yesca, y/o cocinilla	cartón de leche	dinero adicional	linterna de cabeza y baterías adicionales	ropa adicional
agua adicional	un perro	cámara Polaroid	mosquitero	juegos livianos, como un mazo de naipes
comida adicional	un rollo de cinta adhesiva	algo donde refugiarse	protección contra el sol, como lentes, ropa protectora y protector solar	cuchillo más un kit de reparación
un espejo	mapa, brújula, altímetro, GPS o mensajero satelital	kit de primeros auxilios	chanclas adicionales	entretenimiento (como videojuegos o libros)

CUIDEMOS A LOS OSOS

¡Los osos tienen muchas cosas para comer en su hábitat silvestre!

Cuando estás en tierra de osos, es muy importante mantenerlos a salvo al asegurarse de que no coman comida humana. Cuando estás de campamento, deberías almacenar tu comida en cajas especiales a prueba de osos. Estos contenedores de metal son a prueba de animales, y evitarán que estos tengan acceso a tu comida.

Traza una línea desde cada objeto hasta el oso (si es algo seguro para que los osos coman) o hasta el contenedor (si debe ser almacenado).

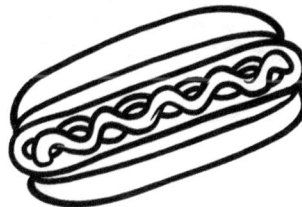

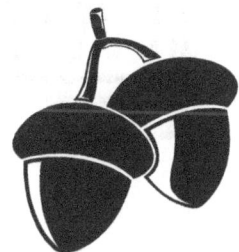

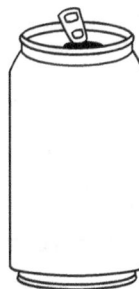

Colorea Old Faithful

Old Faithful es uno de los casi 500 géiseres en el Parque Nacional Yellowstone. Los géiseres y otras características termales son señales de actividad volcánica debajo de la superficie terrestre.

ESCUCHA CON ATENCIÓN

Los visitantes al Parque Nacional Yellowstone pueden oír sonidos diferentes a los que oyen en casa. ¡Intenta esta actividad para experimentarlo tú mismo/a!

En primer lugar, encuentra un sitio al aire libre, donde sea cómodo sentarse o estar de pie durante unos minutos. Puedes hacerlo por tu cuenta o junto a un amigo o a un pariente. Una vez que encuentres un buen lugar, cierra los ojos y escucha. Quédate en silencio por un minuto y presta atención a lo que estás oyendo. Anota algunos de los sonidos que has oído en uno de los siguientes recuadros:

SONIDOS DE LA NATURALEZA
HECHOS POR ANIMALES, ÁRBOLES O PLANTAS, VIENTO, ETC.

SONIDOS DEL HOMBRE
HECHOS POR PERSONAS, MÁQUINAS, ETC.

UNA VEZ QUE REGRESES A CASA, INTENTA REPETIR EL EXPERIMENTO:

SONIDOS DE LA NATURALEZA
HECHOS POR ANIMALES, ÁRBOLES O PLANTAS, VIENTO, ETC.

SONIDOS DEL HOMBRE
HECHOS POR PERSONAS, MÁQUINAS, ETC.

¿DÓNDE OÍSTE MÁS SONIDOS DE LA NATURALEZA? _____

¿DÓNDE OÍSTE MÁS SONIDOS DEL HOMBRE? _____

Escucha el mundo a tu alrededor...

Encuentra un espacio de tierra seca, libre de excremento animal. Recuéstate boca arriba, y cierra los ojos. Cierra el puño. Cada vez que oigas un sonido, levanta un dedo. Cuando tengas los cinco dedos arriba, haz una lista de todas las cosas que oíste.

_____

_____

_____

_____

_____

Revisa la lista. Encierra en un círculo los sonidos que pertenezcan a la naturaleza. Tacha aquellos que no lo sean.

Detente y huele las... ¿rosas?

¡Utiliza tu nariz! Encuentra tres cosas en el Parque que huelan bien y tres que huelan mal. Anota las cosas que oliste.

Bien	Mal
_____	_____
_____	_____
_____	_____

Revisa la lista. Encierra en un círculo los olores que pertenezcan a la naturaleza. Tacha aquellos que no lo sean.

Sopa de letras Yellowstone

Las palabras pueden estar de forma horizontal,
vertical, diagonal ¡o incluso al revés!

1. OLD FAITHFUL
2. ARDILLA
3. COYOTE
4. ARCO DE ROOSEVELT
5. PISCINA DE BARRO
6. MONTANA
7. GÉISER
8. WYOMING
9. IDAHO
10. BISONTE
11. PASARELA
12. RÍO BOILING
13. FUENTE TERMAL
14. CABAÑA
15. CAMPAMENTO
16. LOBOS
17. TRAVERTINO
18. HIDROTERMAL

```
P  Ñ  R  Í  O  B  O  I  L  I  N  G  W  O  I
T  L  E  V  E  S  O  O  R  E  D  O  C  R  A
L  O  C  A  M  P  A  M  E  N  T  O  T  R  E
O  A  N  E  G  N  I  M  O  Y  W  D  M  A  Z
A  L  M  I  T  J  J  R  G  X  I  R  O  B  G
Ñ  E  D  R  T  N  Z  Ú  P  J  U  A  N  E  Ñ
A  R  S  F  E  R  O  É  E  I  Á  L  T  D  O
B  A  O  I  A  T  E  S  M  Á  E  L  A  A  H
A  S  B  É  G  I  O  V  I  O  I  I  N  N  A
C  A  O  N  M  É  T  R  A  B  T  D  A  I  D
A  P  L  T  W  B  I  H  D  R  Q  R  X  C  I
Ú  I  A  O  F  J  Ó  S  F  I  T  A  J  S  S
U  C  O  Y  O  T  E  B  E  U  H  T  J  I  V
N  E  M  N  Z  Q  Q  M  J  R  L  K  R  P  D
Á  G  L  L  A  M  R  E  T  E  T  N  E  U  F
```

¡Encuentra las parejas!
¿Cómo se llaman las crías de los animales?

Une el animal con su cría. Uno ya está resuelto.

Ciervo canadiense	aguilucho
Águila calva	cervato
Pequeño murciélago café	viborezno
Mofeta rayada	cría
Búho americano	polluelo
Sapo occidental	cría
Puma	renacuajo
Culebra rayada	cachorro

Explorar el cielo nocturno

Este Parque es un destino popular para observar las estrellas. Puedes ver estrellas en ese cielo nocturno que no podrías ver desde tu casa. ¿Por qué crees que es así?

Desde siempre, las personas de todo el mundo han mirado al cielo nocturno y han visto imágenes en las estrellas. Crearon historias sobre grupos de estrellas, también llamados *constelaciones*. ¡Crea tu propia constelación en el campo de estrellas que ves a continuación!

¿Cómo se llama tu constelación?

El lugar perfecto para un pícnic

Completa los espacios en blanco en esta página sin mirar la historia completa. Al finalizar, utiliza las palabras elegidas para completar la historia en la siguiente página.

UN SENTIMIENTO _____

UN ALIMENTO _____

ALGO DULCE _____

UN TIPO DE TIENDA/NEGOCIO _____

UN MEDIO DE TRANSPORTE _____

UN SUSTANTIVO _____

UN SER VIVO EN PLURAL _____

UN TIPO DE SALSA _____

UNA VERDURA EN PLURAL _____

UN ADJETIVO _____

UNA PARTE DEL CUERPO EN PLURAL _____

UN ANIMAL _____

UNA FRUTA EN PLURAL _____

UN LUGAR _____

ALGO ALTO _____

UN COLOR _____

UN ADJETIVO _____

UN SUSTANTIVO _____

OTRO ANIMAL _____

FAMILIAR N.º 1 _____

FAMILIAR N.º 2 _____

UN GERUNDIO _____

OTRO ALIMENTO _____

El lugar perfecto para un pícnic

Utiliza las palabras de la página anterior para completar una historia divertida.

Cuando mi familia sugirió almorzar en la zona de pícnic del lago Lewis, me

sentí _ _ _ _ _ _ _. ¡Me encanta comer _ _ _ _ _ _ al aire libre! Sabía que habíamos
　　　SENTIMIENTO　　　　　　　　　　　ALIMENTO

comprado una caja de _ _ _ _ _ _ en (el/la) _ _ _ _ _ _ _ _ _ para después del
　　　　　　　　　　　ALGO DULCE　　　　TIPO DE TIENDA/NEGOCIO

almuerzo; son mis favoritos/as. Condujimos hasta la zona, y bajé de un salto

(del/de la) _ _ _ _ _ _ _ _ _. "¡Encontraré el lugar perfecto para un pícnic!". Tomé
　　　　MEDIO DE TRANSPORTE

(un/una) _ _ _ _ _ _ para sentarnos, y salí corriendo. Pasé por una mesa de pícnic,
　　　　SUSTANTIVO

pero estaba cubierta de _ _ _ _ _ _ _ _, por lo que no podíamos sentarnos allí. La
　　　　　　　　　SER VIVO EN PLURAL

siguiente mesa se veía bien, pero había manchas de _ _ _ _ _ _ _ y trozos de
　　　　　　　　　　　　　　　　　　　　　　　TIPO DE SALSA

_ _ _ _ _ _ _ _ _ _ por todas partes. ¡Las personas que habían estado antes debían
UNA VERDURA EN PLURAL

ser _ _ _ _ _ _! Apreté mis _ _ _ _ _ _ _ _ _, y seguí caminando por el sendero, con la
　　ADJETIVO　　　　UNA PARTE DEL CUERPO EN PLURAL

determinación de encontrar el lugar perfecto. Quería una mesa con una buena

vista al lago. ¿Por qué era tan difícil conseguirlo? Si teníamos suerte, podría ver

(un/una) _ _ _ _ _ _ comiendo _ _ _ _ _ _ a orillas del lago. No hay de (esos/esas)
　　　　ANIMAL　　　　　　UNA FRUTA EN PLURAL

en _ _ _ _ _ _ _, donde vivo. Bajé por una pequeña cuesta, y allí estaba: ¡el lugar
　　LUGAR

perfecto! Los árboles se erguían por encima de mi cabeza y se veían tan altos

como (un/una) _ _ _ _ _ _ _. El césped era de un hermoso color _ _ _ _ _ _ _. Las
　　　　　　ALGO ALTO　　　　　　　　　　　　　　　　COLOR

flores _ _ _ _ _ _ crecían al costado de (un/una) _ _ _ _ _ _ _. Miré hacia la otra
　　ADJETIVO　　　　　　　　　　　　　　　SUSTANTIVO

orilla del lago, y hasta vi (un/una) _ _ _ _ _ _ _ _ sobre una piedra. Miré hacia
　　　　　　　　　　　　　OTRO ANIMAL

atrás y vi a mi _ _ _ _ _ _ _ _ _ y a mi _ _ _ _ _ _ _ _ _ _ _ _ _ _ _ _ _ una canasta de
　　　FAMILIAR N.°1　　　　　FAMILIAR N.°2　　GERUNDIO

pícnic. "Espero que hayan traído suficiente _ _ _ _ _ _ _. ¡Me muero de hambre!".
　　　　　　　　　　　　　　　　　　OTRO ALIMENTO

29

Caminata hasta un géiser

Inicio

Sopa de letras del Old Faithful Inn

Old Faithful Inn es un hotel ubicado cerca del famoso Géiser Old Faithful. Está construido con troncos de pino de San Padro Mártir y es considerado uno de los grandes alojamientos dentro de un parque nacional en el oeste. El edificio de estilo rústico fue diseñado por el arquitecto Robert Reamer. Desde su inauguración en 1904, ha alojado presidentes, como Warren Harding, Calvin Coolidge y Franklin Roosevelt.

1. ALOJAMIENTO

2. ROBERT REAMER

3. HOTEL

4. RÚSTICO

5. GÉISER

6. INN

7. TRONCOS

8. DORMIR

9. PINO

10. OLD FAITHFUL

11. NOCHE

12. DESCANSAR

13. PARQUITECTURA

14. MONUMENTO

```
R P A R Q U I T E C T U R A D
E I Ó H O L D F A I T H F U L
S T X K G I T M B W Á É P P W
I R C K Í U W Ó N N I S K I U
É O I D E S C A N S A R É N V
G N N O C H E É Z Q E W O N
A C O T Y U T Ó O C I T S Ú R
B O S Ó A L O J A M I E N T O
G S U D J P J B E Ó K Z Q Í V
E M Z Ú O H O T E L T Ó D A O
L L R O B E R T R E A M E R Í
M O N U M E N T O Ú L H V É R
Ú J Í R Ó Ñ Á Á B R I T Á K D
G F I C Á O Z Ú D O R M I R Í
Ú É L V E L X G M C W A L L W
```

El estilo rústico del Servicio de Parques Nacionales, o "parquitectura", es un estilo arquitectónico que se desarrolló a principios del siglo xx. El Servicio de Parques Nacionales de Estados Unidos (NPS, por sus siglas en inglés) se esfuerza por crear edificios que combinen con el ambiente natural.

Cuestionario "Sin dejar rastro"

"Sin dejar rastro" es un concepto mediante el cual las personas toman decisiones durante la recreación al aire libre para proteger el medioambiente. Existen siete principios que nos guían cuando pasamos tiempo al aire libre, ya sea que estés en un parque nacional o no. ¿Eres experto/a en no dejar rastro? ¡Completa el cuestionario y descúbrelo!

1. ¿Cómo puedes planificar y prepararte para lograr tener la mejor experiencia en el parque nacional?
    a. Asegurarte de pasar por la oficina del guardaparque para pedir un mapa y para preguntar sobre las condiciones actuales.
    b. ¡Improvisar! Sabrás cuál es el mejor sendero cuando lo veas.
    c. Seguir con tu plan, aun cuando cambien las condiciones. Viajaste una distancia larga para llegar hasta allí, y deberías seguir con tu plan.

2. ¿Cuál es un ejemplo válido de desplazarse por una superficie firme?
    a. Caminar solamente por el sendero designado.
    b. Caminar por el pasto al borde del sendero si este tiene mucho lodo.
    c. Tomar un atajo si lo encuentras, porque significa que caminarás mucho menos.

3. ¿Por qué deberías desechar la basura de manera apropiada?
    a. No es necesario. A los guardaparques les encanta juntar la basura que tú dejas.
    b. En realidad, deberías dejar las sobras porque los animales las comerán. Es importante asegurarse de que no pasen hambre.
    c. Para que la experiencia de otras personas en el parque no se vea afectada por la basura que tú dejaste.

4. ¿Cómo puedes cumplir mejor con el concepto "dejar lo que encuentro"?
    a. Llevarse una pequeña piedra u hoja como recuerdo del viaje.
    b. Tomar fotografías, pero dejar cualquier objeto donde estaba.
    c. Dejar cualquier cosa que encuentres, a menos que sea algo raro, como una punta de lanza. En este caso, está bien llevársela.

5. ¿Cuál no es un buen ejemplo de minimizar el impacto de una fogata?
    a. Solo hacer una fogata sobre un círculo de fogata preexistente.
    b. Verificar las condiciones actuales cuando consideres hacer una fogata.
    c. Hacer un círculo nuevo para una fogata en un lugar con mejor vista.

6. ¿Cuál es un mal ejemplo de respeto a la vida silvestre?
    a. Construir casas para ardillas con piedras para que tengan un lugar donde vivir.
    b. Mantenerse lejos de la vida silvestre y darle espacio suficiente.
    c. Recordarles a los adultos no conducir muy rápido por donde haya animales durante la visita al Parque.

7. ¿Cómo puedes demostrar consideración por los otros visitantes?
    a. Escuchar música con un parlante para que otras personas del campamento puedan disfrutarla.
    b. Usar auriculares en el sendero si decides escuchar música.
    c. Asegurarse de gritar: "¡Hola!" a viva voz a cada animal que se encuentre.

Poesía del Parque

Los parques de Estados Unidos inspiran todo tipo de arte. Pintores, escultores, fotógrafos, escritores y artistas de toda clase se han inspirado en la belleza de la naturaleza. Han convertido esa inspiración en grandes obras.

Utiliza este espacio para escribir tu propio poema sobre el Parque. Piensa en lo que has experimentado o visto. Utiliza lenguaje descriptivo para crear un poema acróstico. Este tipo de poema forma una palabra con la inicial de cada oración. Crea un poema acróstico que forme la palabra "bisonte".

B _____

I _____

S _____

O _____

N _____

T _____

E _____

B isonte grande,

I luminado por el sol,

S e pasea por la pradera,

O liendo las flores.

N o tiene prisa.

T odas las tardes

E stá recorriendo el lugar.

B asta de caminar.

I magino fuentes termales.

S on coloridas:

O cre y anaranjado.

N unca dejan de echar vapor.

T oda el agua hierve.

E stá muy caliente.

Mostrar respeto

¡Los guardaparques necesitan tu ayuda! Algunas personas arrojan su basura donde no deberían, pintan grafitis o toman objetos cuando visitan el Parque Nacional Yellowstone. Crea un póster para ayudar a mostrar a los visitantes cómo ser respetuosos.

Inicio

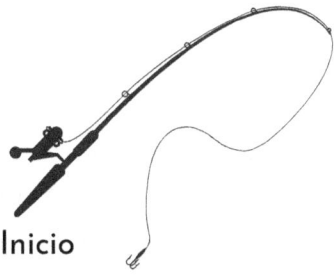

Atrapa un pez en el río Madison

Toma una caña de pescar, e intenta sacar un pez.

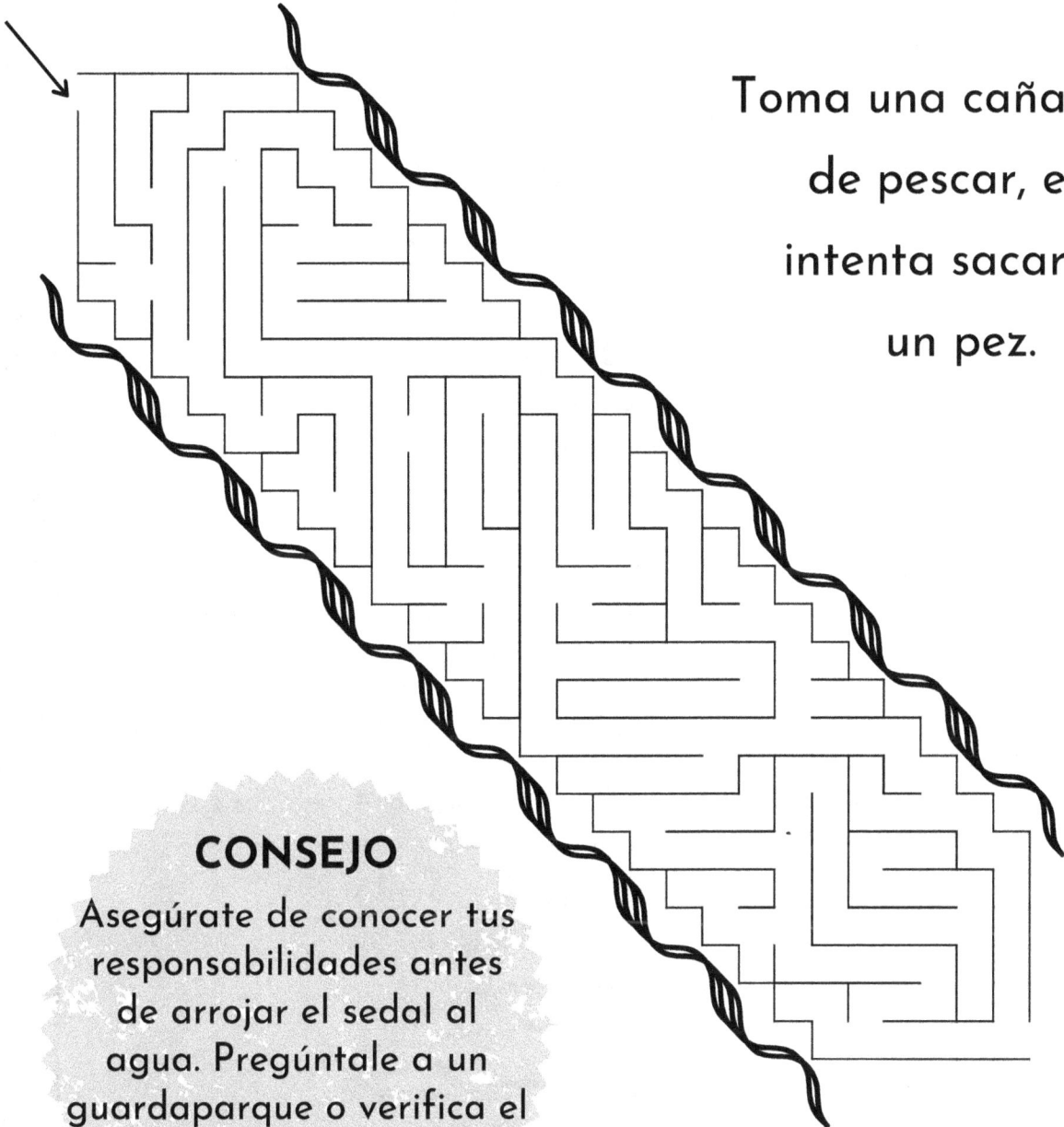

CONSEJO

Asegúrate de conocer tus responsabilidades antes de arrojar el sedal al agua. Pregúntale a un guardaparque o verifica el sitio web del parque antes de ir.

Piedras apiladas

¿Has visto alguna vez una pila de piedras mientras caminabas por un parque nacional? ¿Sabes lo que son o qué significan? Esas pilas de piedras se llaman "mojones" y a menudo marcan los caminos de senderismo en los parques. Cada parque tiene un modo diferente de mantener los caminos y los mojones. Sin embargo, todos tienen la misma regla: si encuentras un mojón, ¡no lo toques!

Colorea el mojón y el título de las reglas para recordarlas.

1. No toques los mojones.

Si algún mojón se destruye, o si se construye uno sin autorización, los futuros visitantes podrían desorientarse, o incluso perderse.

2. No construyas mojones.

Mover piedras perturba el suelo, lo cual puede hacer que la zona sea más propensa a la erosión. Las piedras movidas pueden dañar plantas frágiles.

3. No agregues piedras a los mojones.

Los mojones se diseñan con mucho cuidado. Agregarles piedras puede causar que se desmoronen.

Decodificar utilizando Lengua de Señas Estadounidense

La Lengua de Señas Estadounidense (ASL, por sus siglas en inglés) es una lengua utilizada por muchas personas sordas o hipoacúsicas para comunicarse. Las personas utilizan la ASL para comunicarse con las manos. ¿Sabías que personas de todo el país y del mundo viajan a visitar parques nacionales? Podrías oír hablar en otros idiomas. También podrías ver a personas comunicándose con la ASL. Utiliza el alfabeto manual estadounidense del recuadro para decodificar algunos datos sobre parques nacionales.

Este fue el primer parque nacional en crearse:

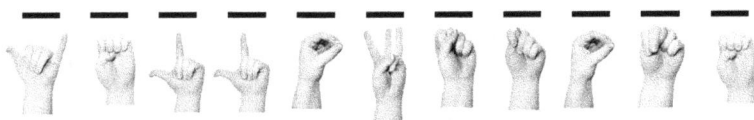

__ __ __ __ __ __ __ __ __ __

Este es el parque nacional más grande de EEUU:

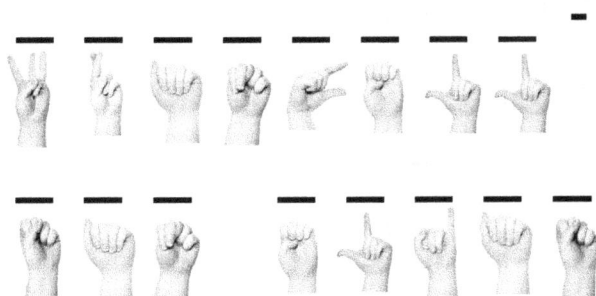

__ __ __ __ __ __ _

__ __ __ __ __ __

Este es el parque nacional más nuevo:

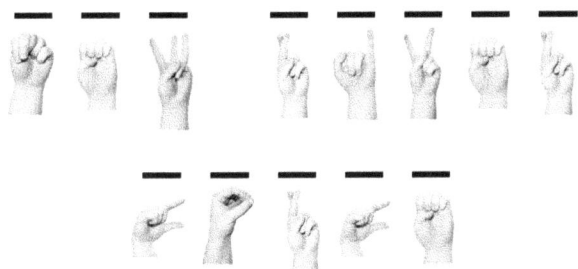

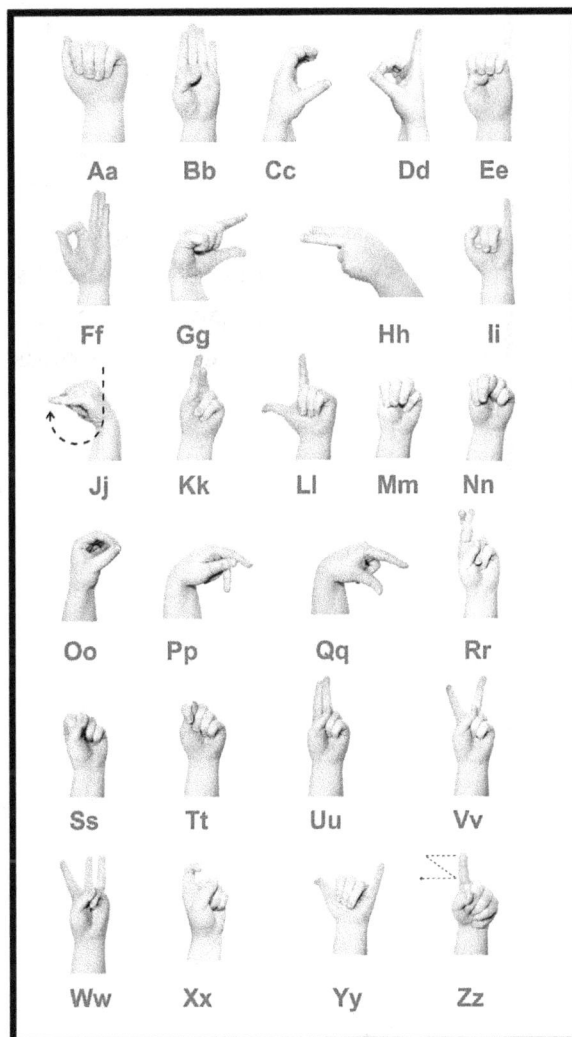

__ __ __ __ __ __ __

__ __ __ __

Aa	Bb	Cc	Dd	Ee
Ff	Gg		Hh	Ii
Jj	Kk	Ll	Mm	Nn
Oo	Pp		Qq	Rr
Ss	Tt		Uu	Vv
Ww	Xx		Yy	Zz

Pista: ¡Presta mucha atención a la posición del pulgar!

¡Inténtalo! Utilizando el recuadro, intenta hacer las letras del alfabeto con la mano. ¿Cuál es la más difícil de hacer? ¿Puedes deletrear tu nombre? Muéstrale a un amigo o a un familiar y que te vean deletrear el nombre del parque nacional donde están ahora.

Cabalga por Swan Lake Flat

¡Ayuda a encontrar la herradura perdida!

Inicio ⟶

¿SABÍAS?

Cabalgar es una actividad popular en el Parque Nacional Yellowstone. Hay muchos senderos por donde se pueden hacer excursiones a caballo

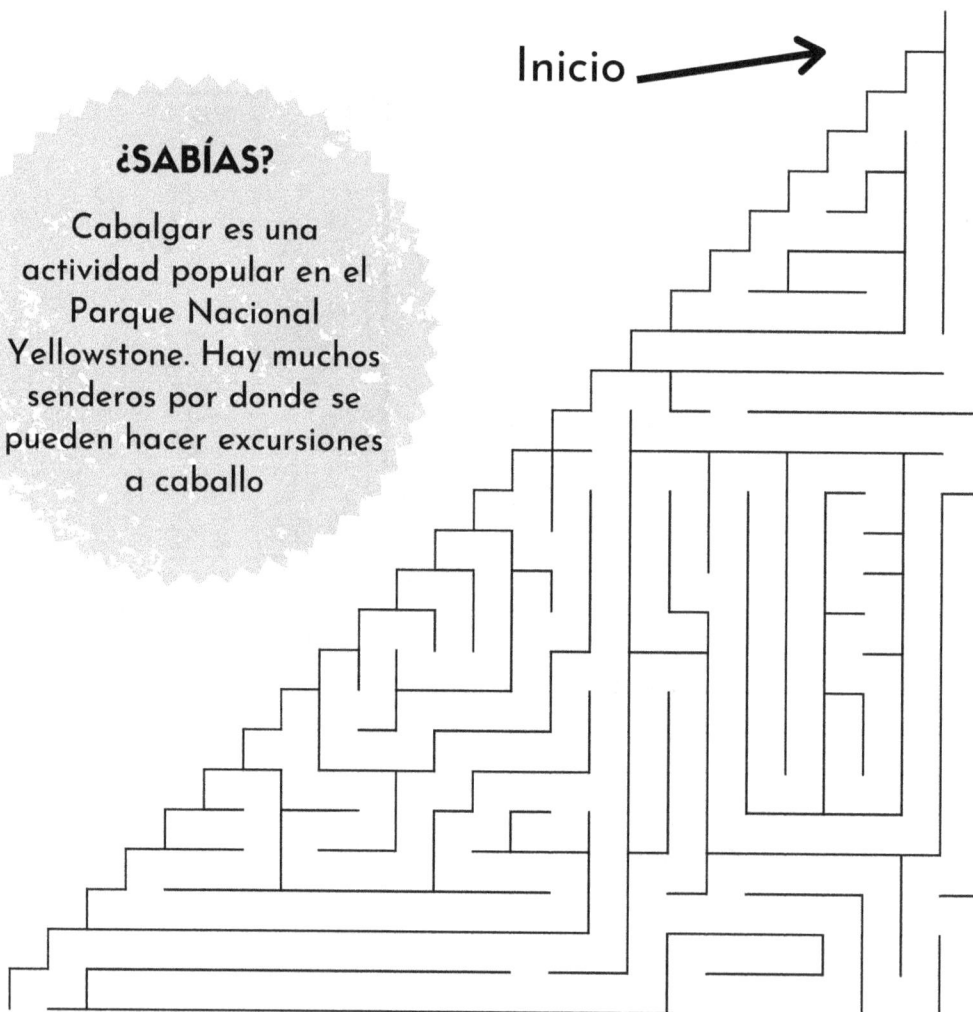

Las mariposas de Yellowstone

Existen decenas de mariposas y de polillas en el Parque Nacional Yellowstone. El tamaño de la envergadura varía, así como los patrones en sus alas.

Diseña tu propia mariposa. Asegúrate de que las alas sean simétricas, es decir, de que ambos lados sean iguales.

Senderismo por la Gran Fuente Prismática

Completa los espacios en blanco en esta página sin mirar la historia completa. Al finalizar, utiliza las palabras elegidas para completar la historia en la siguiente página.

UN ADJETIVO_____

ALGO PARA COMER_____

ALGO PARA BEBER_____

UN SUSTANTIVO_____

UNA PRENDA DE VESTIR_____

UNA PARTE DEL CUERPO_____

UN VERBO EN INFINITIVO_____

UN ANIMAL_____

EL MISMO ALIMENTO_____

UN ADJETIVO_____

EL MISMO ANIMAL_____

UN VERBO EN PASADO_____

UN NÚMERO_____

UN NÚMERO DIFERENTE_____

ALGO QUE VUELA_____

UNA FUENTE DE LUZ_____

UN INSECTO EN PLURAL_____

UN MIEMBRO DE LA FAMILIA_____

TU SOBRENOMBRE_____

Senderismo por la Gran Fuente Prismática

Utiliza las palaras de la página anterior para completar una historia divertida.

Hoy fui a caminar por la Gran Fuente Prismática. En mi mochila _ _ _ _ _ _ _ favorita,
ADJETIVO

me aseguré de tener un mapa para no perderme. También guardé _ _ _ _ _ _ _ _ _ _ _
ALGO PARA COMER

extra (por las dudas de que me diera hambre) y una botella de _ _ _ _ _ _ _ _ _ _. Me
ALGO PARA BEBER

puse aerosol para _ _ _ _ _ _ _ _ _ _ y me até (un/una) _ _ _ _ _ _ _ _ _ _ _ _ alrededor
SUSTANTIVO   PRENDA DE VESTIR

(del/de la) _ _ _ _ _ _ _ _ _ _, en caso de que refrescara. Comencé a _ _ _ _ _ _ _ _ _ _ por el
PARTE DEL CUERPO   VERBO EN INFINITIVO

sendero. En cuanto doblé una curva, me topé cara a cara con (un/una) _ _ _ _ _ _ _ _.
ANIMAL

¡Creo que se sorprendió tanto como yo! ¿Qué debía hacer? ¡Intenté pensar rápido!

¿Debía darle un poco de _ _ _ _ _ _ _ _ _ _? No. Debía recordar lo que el
EL MISMO ALIMENTO

guardaparque _ _ _ _ _ _ _ me había dicho: "Si ves (uno/una), aléjate despacio e
ADJETIVO

intenta que no se asuste. Pronto (el/la) _ _ _ _ _ _ _ _ _ _ (se) _ _ _ _ _ _ _ _ _ _. Todo
EL MISMO ANIMAL   VERBO EN PASADO

despejado. _ _ _ _ _ _ hora(s) más tarde, por fin llegué al mirador. Sentí que podía ver
UN NÚMERO

a _ _ _ _ _ _ _ _ _ (millas/kilómetros). Tomé una fotografía de (un/una) _ _ _ _ _ _ _ _ para
UN NÚMERO DIFERENTE   SUSTANTIVO

poder recordar siempre ese momento. Mientras guardaba la cámara, (un/una)

_ _ _ _ _ _ _ _ _ pasó volando, lo que me recordó que casi era de noche. Encendí mi
ALGO QUE VUELA

_ _ _ _ _ _ _ _ _ _ y comencé el regreso. Podía oír a (los/las) _ _ _ _ _ _ _ _ _ _ cantar su
FUENTE DE LUZ   UN INSECTO EN PLURAL

canción nocturna. Cuando ya estaba cansándome, vi a mi _ _ _ _ _ _ _ _ _ _ y nuestra
MIEMBRO DE LA FAMILIA

carpa. "¡Bienvenido/a, _ _ _ _ _ _ _ _! ¿Cómo estuvo la caminata?", me preguntó.
TU SOBRENOMBRE

Proteger el parque

Cuando visitas un parque nacional, es importante dejarlo tal cual lo encontraste. ¿Sabías que los parques nacionales reciben cientos de millones de visitas cada año? Solo podemos proteger los parques nacionales para futuros visitantes si todos hacen su parte. Las decisiones que toma cada visitante cuando va a un parque tienen un gran impacto en conjunto.

Lee cada pregunta a continuación. Escribe una respuesta o haz un dibujo para mostrar el impacto que tendrían estos cambios en el parque.

¿Qué sucedería si cada visitante alimentara a los animales salvajes?

¿Qué sucedería si cada visitante tomara una flor?

¿Qué sucedería si cada visitante se llevara una piedra a casa?

¿Qué sucedería si cada visitante escribiera o tallara su nombre en una roca o en un árbol?

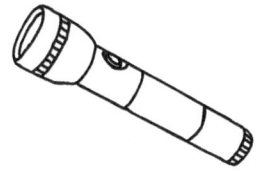

Sopa de letras
"Vamos de campamento"

Las palabras pueden estar de forma horizontal, vertical, diagonal ¡o incluso al revés!

1. CARPA
2. COCINILLA
3. SACO DE DORMIR
4. INSECTICIDA
5. PROTECTOR SOLAR
6. MAPA
7. LINTERNA
8. ALMOHADA
9. FAROL
10. HIELO
11. REFRIGERIO
12. SMORES
13. AGUA
14. KIT EMERGENCIA
15. SILLA
16. NAIPES
17. LIBROS
18. JUEGOS
19. SENDERO
20. GORRA

```
O R I M R O D E D O C A S R R
R R K I T E M E R G E N C I A
E N J É B V F Í L Q S Y Q Í L
D A K J Ú J N A P A M Y Á Ó O
N I O I R E G I R F E R L A S
E P V N O É A P R O P W Á D R
S E G O R R A T Ú Y L A J I O
C S C O C I N I L L A U A C T
S A G D Q G R H I E L O L I C
M N R C Á A K Á S R Í E I T E
O O P P A L M O H A D A B C T
R Á R D A D R E G Ó É Y R E O
E U S I L L A L A U G A O S R
S J U E G O S Y K A R O S N P
É A N R E T N I L Ó X H B I É
```

43

Todo sobre el día de un guardaparque

Los guardaparques son personas muy trabajadoras que se dedican a proteger nuestros parques, monumentos, museos y más. Se ocupan de cuidar los recursos naturales y culturales para las generaciones futuras. También ayudan a proteger a los visitantes del parque. Sus responsabilidades son amplias y trabajan tanto con el público como detrás de escena.

¿Qué has visto hacer a los guardaparques? Utiliza tu conocimiento sobre los deberes de los guardaparques para completar un típico cronograma diario, donde colocarás una actividad para cada hora. Puedes incluir tus propias actividades, pero encontrarás algunos ejemplos en el margen derecho. ¡Lee con cuidado! No todos los ejemplos son actividades propias de un guardaparque.

6 a.m. Liderar una caminata al amanecer.

7 a.m.

8 a.m.

9 a.m.

10 a.m.

11 a.m.

12 p.m. Disfrutar del almuerzo al aire libre.

1 p.m.

2 p.m.

3 p.m.

4 p.m. Enseñarles a los visitantes sobre la geología de las montañas.

5 p.m.

6 p.m.

7 p.m.

8 p.m.

9 p.m.

- Alimentar a las águilas calvas.
- Marcar senderos para que disfruten los visitantes.
- Arrojar piedras por la ladera de una montaña.
- Rescatar senderistas perdidos.
- Estudiar el comportamiento animal.
- Registrar datos sobre la calidad del aire.
- Responder preguntas en el centro de visitantes.
- Recoger flores silvestres.
- Recoger basura.
- Compartir malvaviscos con las ardillas.
- Reparar barandales.
- Acompañar a un grupo de alumnos en una excursión.
- Atrapar ranas y hacerlas correr carreras.
- Guiar personas en caminatas educativas.
- Escribir artículos para el sitio web del Parque.
- Proteger el río de la contaminación.
- Quitar plantas no nativas del Parque.
- Estudiar cómo el cambio climático está afectando el Parque.
- Dar una charla sobre los géiseres.
- Armar un programa sobre el bisonte para campistas.

Si fueras guardaparque, ¿cuál de las actividades mencionadas disfrutarías más? _____

Dibújate como guardaparque

RANGER

Los peces en Yellowstone

1.

abalaoc

2.

utarhc

Reordena las letras de los nombres comunes de estos peces que viven en el Parque.

3.

laomtí

pesncózeorpi

4.

5.

sioelccu

1. _____

2. _____

3. _____

4. _____

5. _____

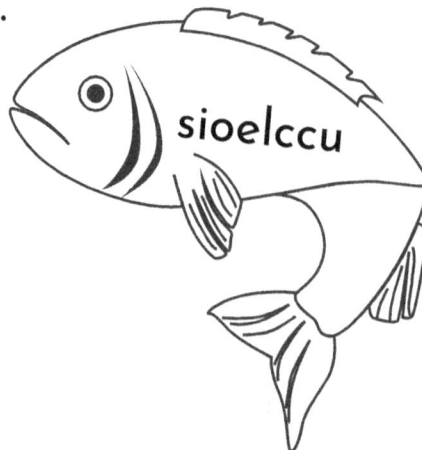

- leucisco
- mola
- trucha
- pececillo
- pez escorpión
- lubina
- bacalao
- tímalo

Anfibios

Una especie de salamandra, dos tipos de sapos y dos clases de ranas viven en el Parque Nacional Yellowstone. Las ranas y los sapos pasan el comienzo de su vida de la misma manera: como renacuajos. Los renacuajos salen de un huevo, por lo general, en manantiales o en estanques de agua.

Tanto las ranas como los sapos son anfibios. Las salamandras también lo son. Colorea los anfibios.

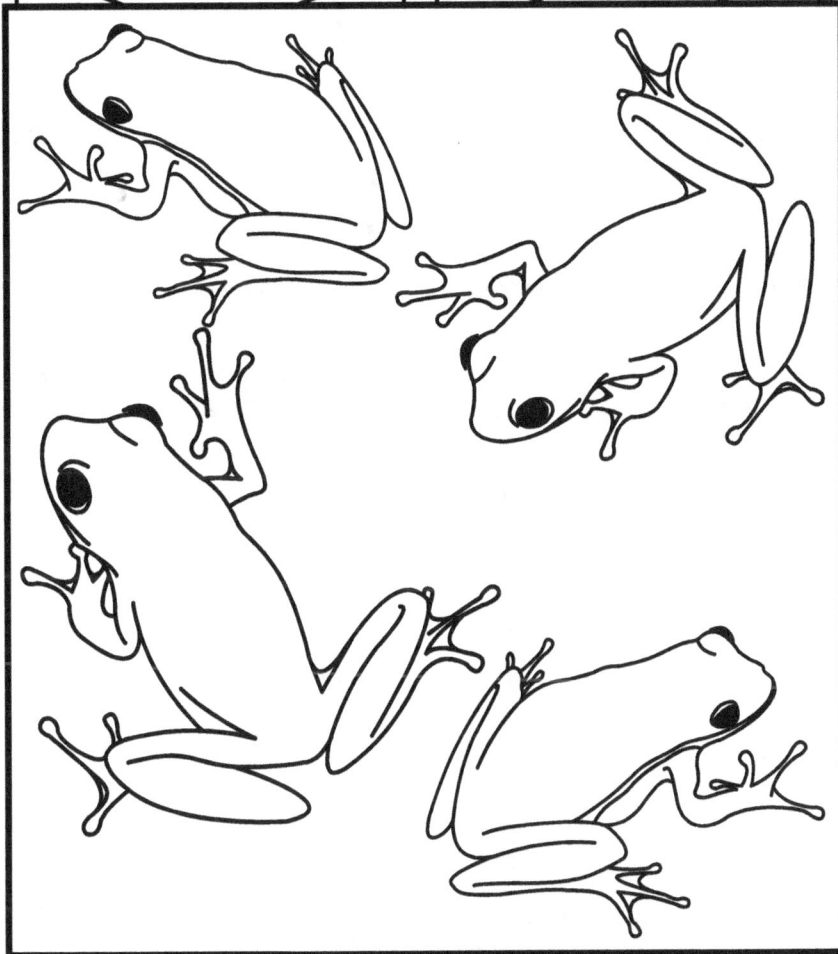

Álbum de fotografías

Dibuja cosas que hayas visto
en el Parque.

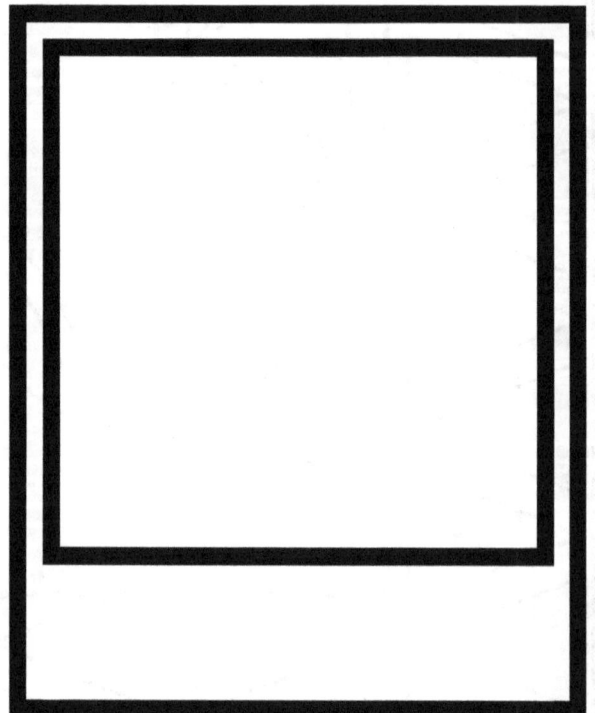

Diseña una insignia

Imagina que te contrataron para crear una insignia que se venderá en la tienda de regalos del Parque Nacional. Tu insignia será un recuerdo para que los visitantes no olviden su viaje al Parque. Diseña debajo la insignia.

Considera agregar una planta o animal que viva aquí, o incluye un lugar famoso del Parque o una actividad que puedas hacer durante la visita.

63 parques nacionales

¿A cuántos parques nacionales has ido? ¿Cuáles quieres visitar a continuación? Ten en cuenta que, si algunos de estos parques están en la frontera de más de un estado, ¡puedes tildarlos más de una vez!

Alaska
- ☐ Parque Nacional Bahía de los Glaciares
- ☐ Parque Nacional de los fiordos de Kenai
- ☐ Parque Nacional del lago Clark
- ☐ Parque Nacional del valle del Kobuk
- ☐ Parque Nacional Denali
- ☐ Parque Nacional Katmai
- ☐ Parque Nacional Puertas del Ártico
- ☐ Parque Nacional Wrangell-San Elías

Arizona
- ☐ Parque Nacional del Bosque Petrificado
- ☐ Parque Nacional del Gran Cañón
- ☐ Parque Nacional Saguaro

Arkansas
- ☐ Parque Nacional Hot Springs

California
- ☐ Parque Nacional Árboles de Josué
- ☐ Parque Nacional de las Secuoyas
- ☐ Parque Nacional del Cañón de los Reyes
- ☐ Parque Nacional del Valle de la Muerte
- ☐ Parque Nacional Islas del Canal
- ☐ Parque Nacional Pinnacles
- ☐ Parque Nacional Redwood
- ☐ Parque Nacional Volcánico Lassen
- ☐ Parque Nacional Yosemite

Carolina del Norte
- ☐ Parque Nacional Grandes Montañas Humeantes

Carolina del Sur
- ☐ Parque Nacional Congaree

Colorado
- ☐ Parque Nacional Cañón Negro del Gunnison
- ☐ Parque Nacional de las Montañas Rocosas
- ☐ Parque Nacional Grandes Dunas de Arena
- ☐ Parque Nacional Mesa Verde

Dakota del Norte
- ☐ Parque Nacional Theodore Roosevelt

Dakota del Sur
- ☐ Parque Nacional Badlands
- ☐ Parque Nacional Wind Cave

Florida
- ☐ Parque Nacional Biscayne
- ☐ Parque Nacional de los Everglades
- ☐ Parque Nacional Dry Tortugas

Hawái
- ☐ Parque Nacional de los Volcanes de Hawái
- ☐ Parque Nacional Haleakala

Idaho
- ☐ Parque Nacional Yellowstone

Indiana
- ☐ Parque Nacional Dunas de Indiana

Islas Vírgenes
- ☐ Parque Nacional Islas Vírgenes

Kentucky
- ☐ Parque Nacional Mammoth Cave

Maine
- ☐ Parque Nacional Acadia

Michigan
- ☐ Parque Nacional Isle Royale

Minnesota
- ☐ Parque Nacional Voyageurs

Misuri
- ☐ Parque Nacional Gateway Arch

Montana
- ☐ Parque Nacional de los Glaciares
- ☐ Parque Nacional Yellowstone

Nevada
- ☐ Parque Nacional del Valle de la Muerte
- ☐ Parque Nacional de la Gran Cuenca

Nuevo México
- ☐ Parque Nacional de las Arenas Blancas
- ☐ Parque Nacional de las Cavernas de Carlsbad

Ohio
- ☐ Parque Nacional Valle Cuyahoga

Oregón
- ☐ Parque Nacional del Lago del Cráter

Samoa Americana
- ☐ Parque Nacional de Samoa Americana

Tennessee
- ☐ Parque Nacional Grandes Montañas Humeantes

Texas
- ☐ Parque Nacional Big Bend
- ☐ Parque Nacional de las Montañas de Guadalupe

Utah
- ☐ Parque Nacional Capitol Reef
- ☐ Parque Nacional de los Arcos
- ☐ Parque Nacional del Cañón Bryce
- ☐ Parque Nacional Tierra de Cañones
- ☐ Parque Nacional Zion

Virginia
- ☐ Parque Nacional Shenandoah

Virginia Occidental
- ☐ Parque Nacional New River Gorge

Washington
- ☐ Parque Nacional de las Cascadas del Norte
- ☐ Parque Nacional del Monte Rainier
- ☐ Parque Nacional Olympic

Wyoming
- ☐ Parque Nacional Grand Teton
- ☐ Parque Nacional Yellowstone

Otros parques nacionales

Además del Parque Nacional Yellowstone, existen otros 62 parques nacionales hermosos y diversos a lo largo y ancho de Estados Unidos. Intenta completar el siguiente crucigrama. Si necesitas ayuda, busca pistas en la página anterior.

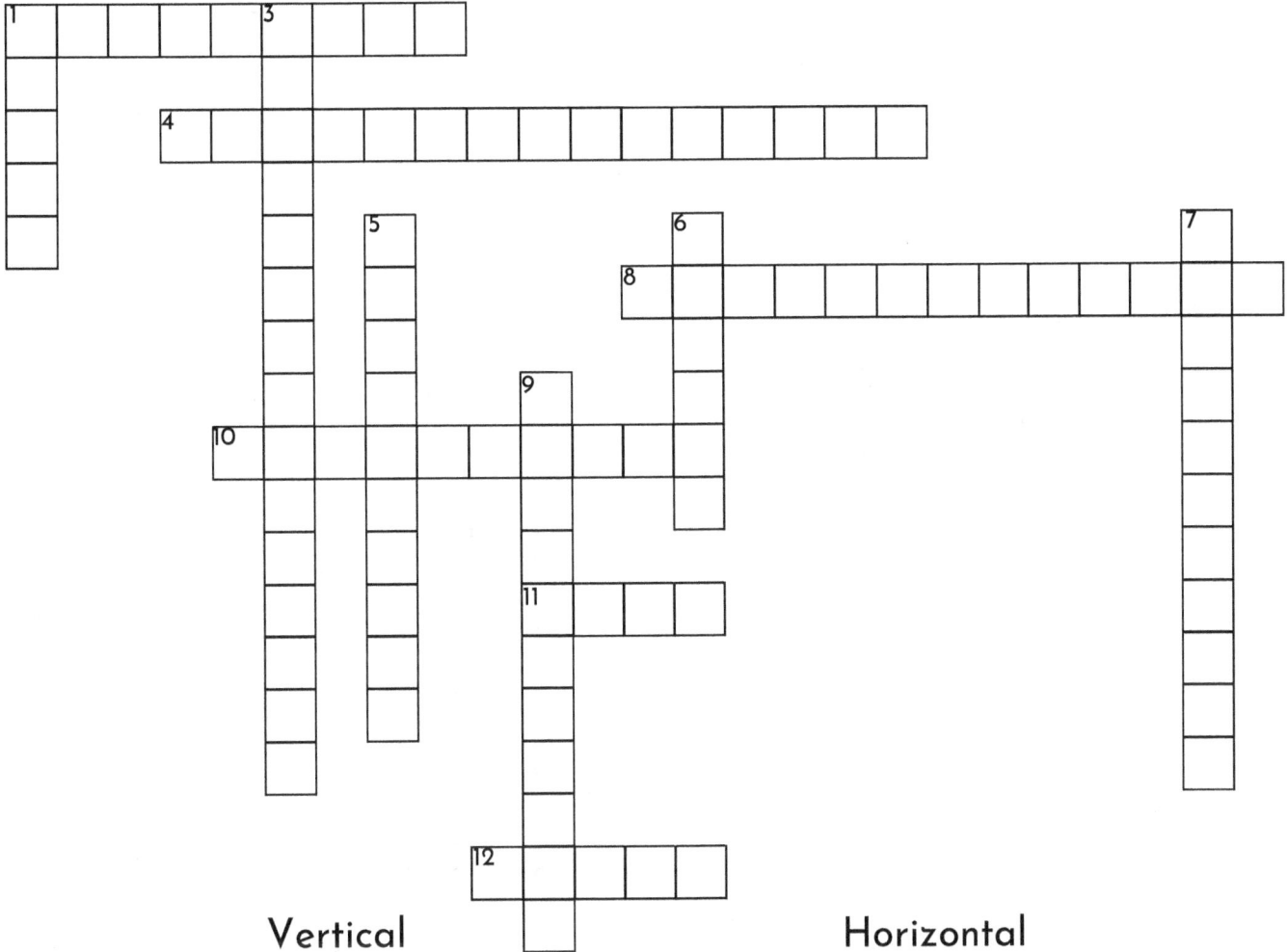

Vertical

1. Miembro de la realeza que aparece en el nombre de un parque nacional de California (plural).

3. Parque con las temperaturas más altas del mundo.

5. Estado donde se ubica el Parque Nacional Olympic.

6. Animal de dientes grandes que se encuentra en el Parque Nacional de los Everglades.

7. Único parque en Idaho.

9. Parque en cuyo nombre se incluye un animal.

Horizontal

1. Único presidente incluido en el nombre de un parque nacional.

4. Parque con el suelo más nuevo en Estados Unidos, debido a las erupciones volcánicas.

8. Parque con el lago más profundo de Estados Unidos.

10. Estado con la mayor cantidad de parques nacionales.

11. Cantidad de parques nacionales en Alaska.

12. Estado donde se ubica el Parque Nacional Acadia.

Sopa de letras "¿A cuál parque nacional irás a continuación?"

1. ZION
2. BIG BEND
3. GLACIARES
4. OLYMPIC
5. SECUOYA
6. BRYCE
7. MESA VERDE
8. BISCAYNE
9. WIND CAVE
10. GRAN CUENCA
11. KATMAI
12. YELLOWSTONE
13. VOYAGEURS
14. ARCOS
15. BADLANDS
16. DENALI
17. REDWOOD
18. HOTSPRINGS

```
I H S E R A I C A L G V S S Q
C Q V O Y A G E U R S C V W G
A Z C Ñ C M E A G C Ó E A X B
C S J T G R I B A F C Ó N U Y
N O E I J W A V Ñ Y Ú U O W E
E O I C A W A T R J Í M I S L
U W T Ñ U M A B Z D N E Z D L
C I V T L O T B É N B S O N O
N N Q H B S Y A F E I A I A W
A D Ú C D L M A K B S V I L S
R C Ú Á J Á I G N G C E L D T
G A O L Y M P I C I A R A A O
Y V É P Y A S J Í B Y D N B N
R E D W O O D R G H N E E C E
H O T S P R I N G S E Y D I H
```

Notas de campo

Pasa algo de tiempo reflexionando sobre tu viaje al Parque Nacional Yellowstone. Tus notas de campo te ayudarán a recordar las cosas que experimentaste. Utiliza el espacio a continuación para escribir sobre tu día.

Mientras estaba en el Parque Nacional Yellowstone...

Vi:
_____

_____

_____

_____

Oí:
_____

_____

_____

_____

Sentí:
_____

_____

_____

_____

Me pregunté:
_____

_____

_____

_____

Dibuja lo que más te gustó del Parque.

GUÍA DE SOLUCIONES

Emblema del Parque Nacional

1. Representa todas las plantas: **Secuoya.**

2. Representa todos los animales: **Bisonte.**

3. Representa todos los paisajes: **Montañas.**

4. Representa las aguas protegidas por el servicio de parques: **Agua.**

5. Representa todos los objetos de valor histórico o arqueológico: **Punta de lanza.**

Sudoku de símbolos

Observa aves en Swan Lake Flats

Inicio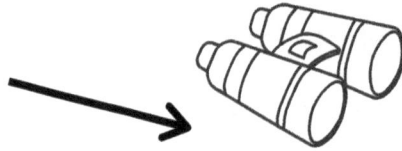

¿Quién vive aquí?

BÚHO PIGMEO

ALCE

NUTRIA DE RÍO

PATO ARLEQUÍN

PUMA

TEJÓN

BISONTE

¡Encuentra las parejas!
Nombres comunes y nombres en latín

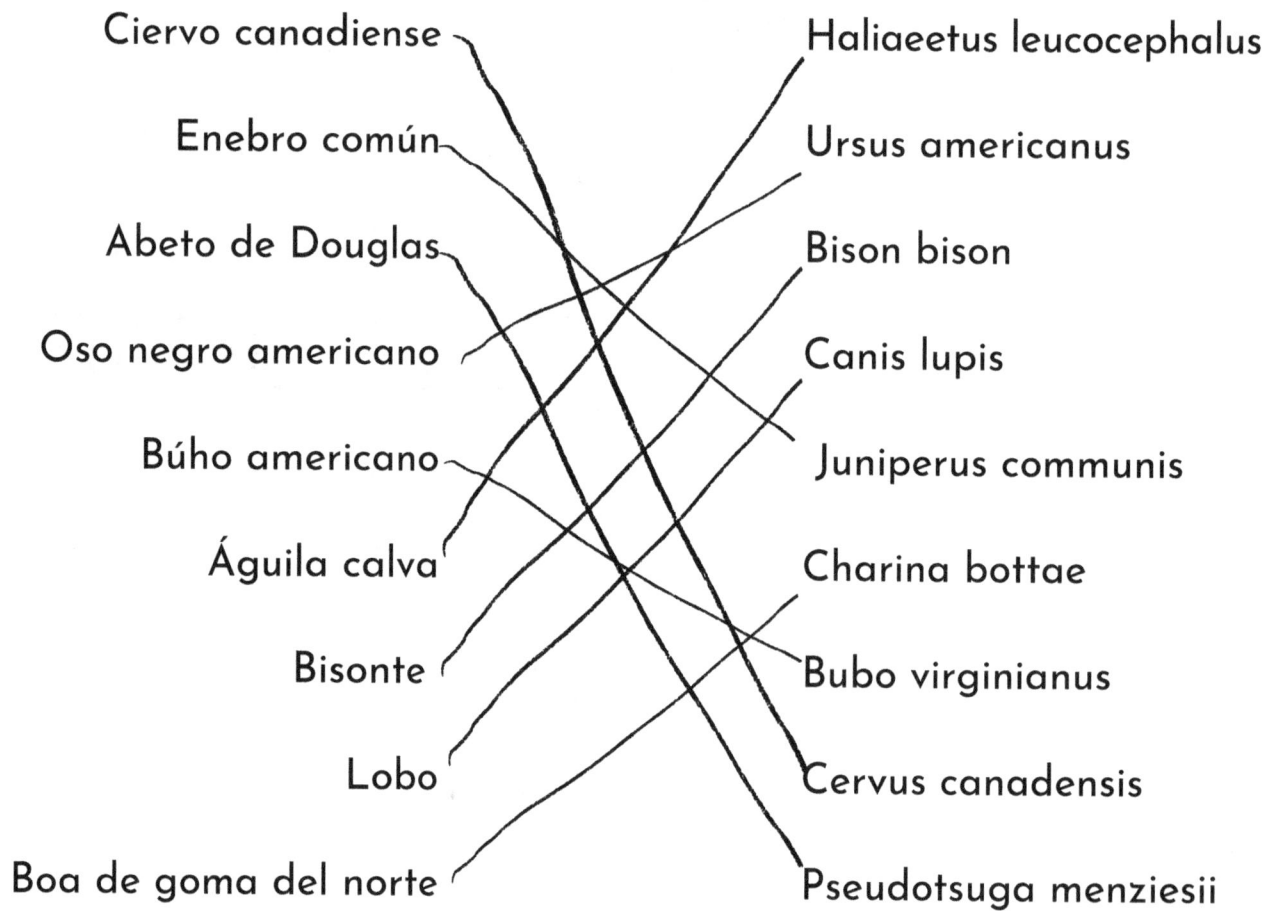

Ciervo canadiense

Enebro común

Abeto de Douglas

Oso negro americano

Búho americano

Águila calva

Bisonte

Lobo

Boa de goma del norte

Haliaeetus leucocephalus

Ursus americanus

Bison bison

Canis lupis

Juniperus communis

Charina bottae

Bubo virginianus

Cervus canadensis

Pseudotsuga menziesii

Águila calva

Haliaeetus leucocephalus

Los diez esenciales

fuego: fósforos, encendedor, yesca, y/o cocinilla	~~cartón de leche~~	~~abrigo adicional~~	linterna de cabeza y baterías adicionales	ropa adicional
agua adicional	~~un perro~~	~~cámara Polaroid~~	~~mosquitero~~	~~juegos livianos como un juego de naipes~~
comida adicional	~~un rollo de cinta adhesiva~~	algo donde refugiarse	protección contra el sol, como lentes, ropa protectora y protector solar	cuchillo más un kit de reparación
~~un espejo~~	mapa, brújula, altímetro, GPS o mensajero satelital	kit de primeros auxilios	~~chanclas adicionales~~	~~entretenimiento como videojuegos o libro~~

Sopa de letras Yellowstone

1. OLD FAITHFUL
2. ARDILLA
3. COYOTE
4. ARCO DE ROOSEVELT
5. PISCINA DE BARRO
6. MONTANA
7. GÉISER
8. WYOMING
9. IDAHO
10. BISONTE
11. PASARELA
12. RÍO BOILING
13. FUENTE TERMAL
14. CABAÑA
15. CAMPAMENTO
16. LOBOS
17. TRAVERTINO
18. HIDROTERMAL

```
P  Ñ  R  Í  O  B  O  I  L  I  N  G  W  O  I
T  L  E  V  E  S  O  O  R  E  D  O  C  R  A
L  O  C  A  M  P  A  M  E  N  T  O  T  R  E
O  A  N  E  G  N  I  M  O  Y  W  D  M  A  Z
A  L  M  I  T  J  J  R  G  X  I  R  O  B  G
Ñ  E  D  R  T  N  Z  Ú  P  J  U  A  N  E  Ñ
A  R  S  F  E  R  O  É  E  I  Á  L  T  D  O
B  A  O  I  A  T  E  S  M  Á  E  L  A  A  H
A  S  B  É  G  I  O  V  I  O  I  I  N  A  A
C  A  P  O  N  M  É  T  R  A  B  T  D  I  D
A  P  L  T  W  B  I  H  D  R  Q  R  X  C  I
Ú  I  A  O  F  J  Ó  S  F  I  T  A  J  S  S
U  C  O  Y  O  T  E  B  E  U  H  T  J  I  V
N  E  M  N  Z  Q  Q  M  J  R  L  K  R  P  D
Á  G  L  L  A  M  R  E  T  E  T  N  E  U  F
```

60

¡Encuentra las parejas!

¿Cómo se llaman las crías de los animales?

Ciervo canadiense   Aguilucho

Águila calva   Cervato

Pequeño murciélago café   Viborezno

Mofeta rayada   Cría

Búho americano   Polluelo

Sapo occidental   Cría

Puma   Renacuajo

Culebra rayada   Cachorro

Caminata hasta un géiser

Inicio

¿SABÍAS?

Existen alrededor de 500 géiseres en el Parque Nacional Yellowstone.

Sopa de letras del Old Faithful Inn

1. ALOJAMIENTO
2. ROBERT REAMER
3. HOTEL
4. RÚSTICO
5. GÉISER
6. INN
7. TRONCOS
8. DORMIR
9. PINO
10. OLD FAITHFUL
11. NOCHE
12. DESCANSAR
13. PARQUITECTURA
14. MONUMENTO

```
R P A R Q U I T E C T U R A D
E I Ó H O L D F A I T H F U L
S T X K G I T M B W Á É P P W
I R C K Í U W Ó N N I S K I U
É O I D E S C A N S A R É N V
G N N N O C H E É Z Q E W O N
A C O T Y U T Ó O C I T S Ú R
B O S Ó A L O J A M I E N T O
G S U D J P J B E Ó K Z Q Í V
E M Z Ú O H O T E L T Ó D A O
L L R O B E R T R E A M E R Í
M O N U M E N T O Ú L H V É R
Ú J Í R Ó Ñ Á Á B R I T Á K D
G F I C Á O Z Ú D O R M I R Í
Ú É L V E L X G M C W A L L W
```

Cuestionario "Sin dejar rastro"

1. ¿Cómo puedes planificar y prepararte para lograr tener la mejor experiencia en el Parque Nacional?

    a. Asegurarte de pasar por la oficina del guardaparque para pedir un mapa y para preguntar sobre las condiciones actuales.

2. ¿Cuál es un ejemplo válido de desplazarse por una superficie firme?

    a. Caminar solo por el sendero designado.

3. ¿Por qué deberías desechar la basura de manera apropiada?

    c. Para que la experiencia de otras personas en el parque no se vea afectada por la basura que tú dejaste.

4. ¿Cómo puedes cumplir mejor con el concepto "dejar lo que encuentro"?

    b. Tomar fotografías, pero dejar cualquier objeto donde estaba.

5. ¿Cuál no es un buen ejemplo de minimizar el impacto de una fogata?

    c. Hacer un círculo nuevo para una fogata en un lugar con mejor vista.

6. ¿Cuál es un mal ejemplo de respeto a la vida silvestre?

    a. Construir casas para ardillas con piedras para que tengan un lugar donde vivir.

7. ¿Cómo puedes demostrar consideración por los otros visitantes?

    b. Usar auriculares en el sendero si decides escuchar música.

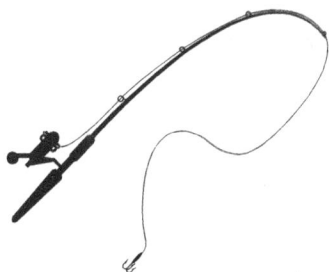

Atrapa un pez en el río Madison

CONSEJO
Asegúrate de conocer tus responsabilidades antes de arrojar el sedal al agua. Pregúntale a un guardaparque o verifica el sitio web del parque antes de ir.

Decodificar utilizando Lengua de Señas Estadounidense

Este fue el primer parque nacional en crearse:

Y E L L O W S T O N E

Este es el parque nacional más grande de EE. UU.:

W R A N G E L L -

S A N   E L I A S

Este es el parque nacional más nuevo:

N E W   R I V E R

G O R G E

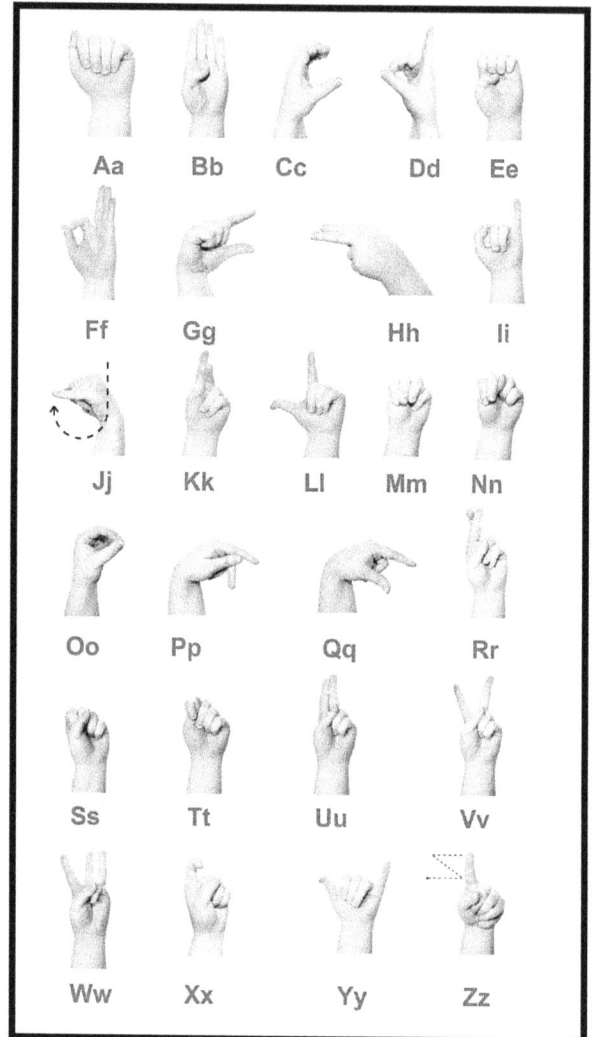

Cabalga por Swan Lake Flat

Inicio →

¿SABÍAS?

Cabalgar es una actividad popular en el Parque Nacional Yellowstone. Hay muchos senderos por donde se pueden hacer excursiones a caballo.

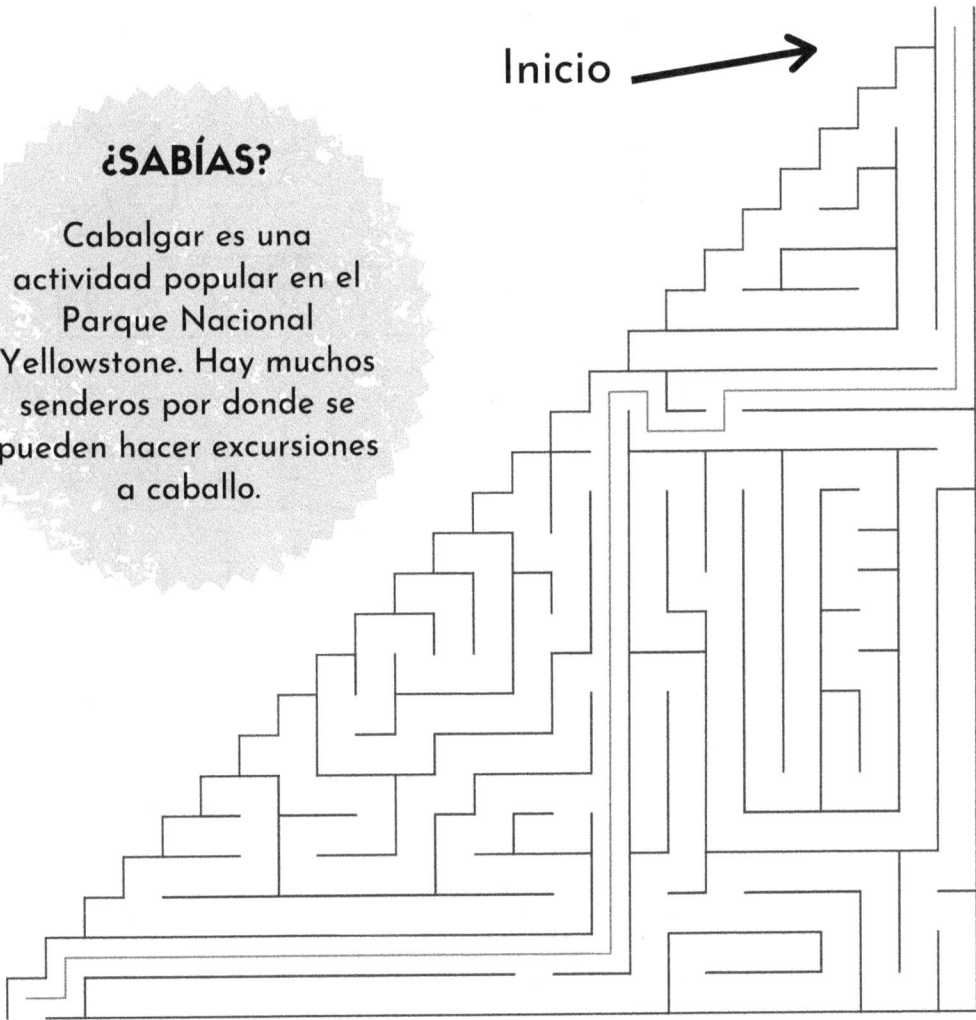

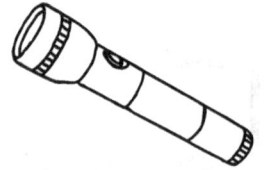

Sopa de letras
"Vamos de campamento"

1. CARPA
2. COCINILLA
3. SACO DE DORMIR
4. INSECTICIDA
5. PROTECTOR
   SOLAR
6. MAPA
7. LINTERNA
8. ALMOHADA
9. FAROL
10. HIELO
11. REFRIGERIO
12. SMORES
13. AGUA
14. KIT EMERGENCIA
15. SILLA
16. NAIPES
17. LIBROS
18. JUEGOS
19. SENDERO
20. GORRA

O	R	I	M	R	O	D	E	D	O	C	A	S	R	R
R	R	K	I	T	E	M	E	R	G	E	N	C	I	A
E	N	J	É	B	V	F	Í	L	Q	S	Y	Q	Í	L
D	A	K	J	Ú	J	N	A	P	A	M	Y	Á	Ó	O
N	I	O	I	R	E	G	I	R	F	E	R	L	A	S
E	P	V	N	O	É	A	P	R	O	P	W	Á	D	R
S	E	G	O	R	R	A	T	Ú	Y	L	A	J	I	O
C	S	C	O	C	I	N	I	L	L	A	U	A	C	T
S	A	G	D	Q	G	R	H	I	E	L	O	L	I	C
M	N	R	C	Á	A	K	Á	S	R	Í	E	I	T	E
O	O	P	P	A	L	M	O	H	A	D	A	B	C	T
R	Á	R	D	A	D	R	E	G	Ó	É	Y	R	E	O
E	U	S	I	L	L	A	L	A	U	G	A	O	S	R
S	J	U	E	G	O	S	Y	K	A	R	O	S	N	P
É	A	N	R	E	T	N	I	L	Ó	X	H	B	I	É

Los peces en Yellowstone

1.

abalaoc

2.

utarhc

3.

laomtí

4.

pesncózeorpi

1. __BACALAO__
2. __TRUCHA__
3. __TÍMALO__
4. __PEZ ESCORPIÓN__
5. __LEUCISCO__

5.

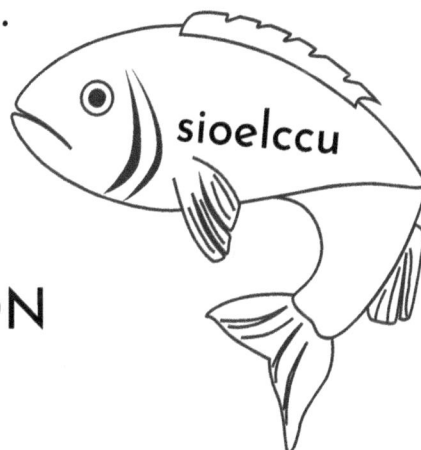

sioelccu

Otros parques nacionales

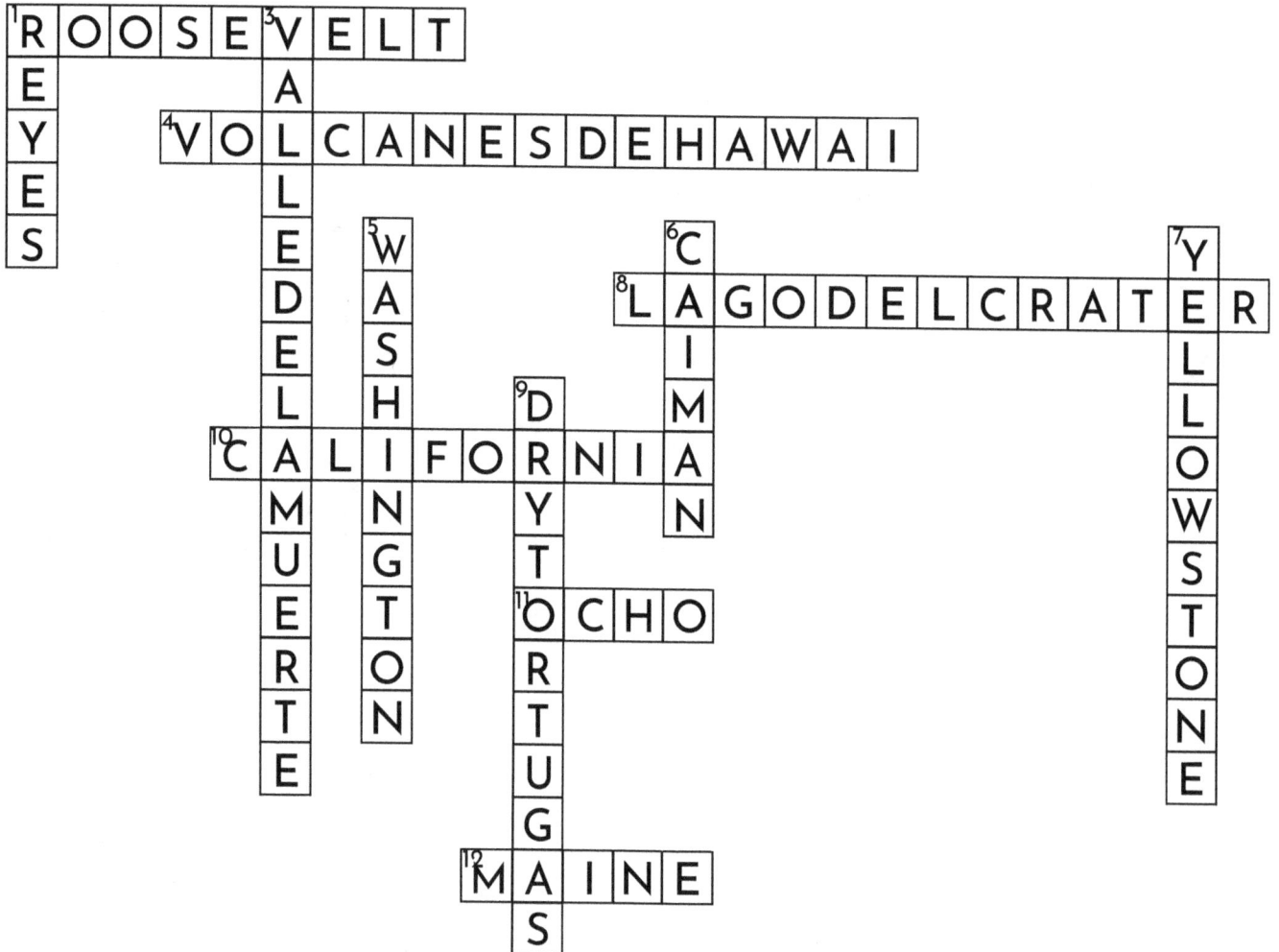

1 Across: ROOSEVELT
1 Down: REYES
3 Down: VALLE DE LA MUERTE
4 Across: VOLCANES DE HAWAI
5 Down: WASHINGTON
6 Down: CAIMAN
7 Down: YELLOWSTONE
8 Across: LAGO DEL CRATER
9 Down: DRY TORTUGAS
10 Across: CALIFORNIA
11 Across: OCHO
12 Across: MAINE

70

Sopa de letras "¿A cuál parque nacional irás a continuación?"

1. ZION
2. BIG BEND
3. GLACIARES
4. OLYMPIC
5. SECUOYA
6. BRYCE
7. MESA VERDE
8. BISCAYNE
9. WIND CAVE
10. GRAN CUENCA
11. KATMAI
12. YELLOWSTONE
13. VOYAGEURS
14. ARCOS
15. BADLANDS
16. DENALI
17. REDWOOD
18. HOTSPRINGS

```
I  H  S  E  R  A  I  C  A  L  G  V  S  S  Q
C  Q  V  O  Y  A  G  E  U  R  S  C  V  W  G
A  Z  C  Ñ  C  M  E  A  G  C  Ó  E  A  X  B
C  S  J  T  G  R  I  B  A  F  C  Ó  N  U  Y
N  O  E  I  J  W  A  V  Ñ  Y  Ú  U  O  W  E
E  O  I  C  A  W  A  T  R  J  Í  M  I  S  L
U  W  T  Ñ  U  M  A  B  Z  D  N  E  Z  D  L
C  I  V  T  L  O  T  B  É  N  B  S  O  N  O
N  N  Q  H  B  S  Y  A  F  E  I  A  I  A  W
A  D  Ú  C  D  L  M  A  K  B  S  V  I  L  S
R  C  Ú  Á  J  Á  I  G  N  G  C  E  L  D  T
G  A  O  L  Y  M  P  I  C  I  A  R  A  A  O
Y  V  É  P  Y  A  S  J  Í  B  Y  D  N  B  N
R  E  D  W  O  O  D  R  G  H  N  E  E  C  E
H  O  T  S  P  R  I  N  G  S  E  Y  D  I  H
```

71

LITTLE BISON

Press

Little Bison Press es una editorial independiente de libros infantiles establecida en 2021, ubicada en el noroeste del Pacífico. Promocionamos la exploración, la conservación y la aventura a través de nuestros libros. Nuestra pasión por los espacios al aire libre y por los viajes inspiró la creación de Little Bison Press.

Buscamos publicar libros que apoyen a los niños para aprender sobre los lugares naturales del mundo y sobre cómo cuidarlos.

Para saber más, visita:
www.littlebisonpress.com

¿Quieres más juegos y actividades gratuitos? ¡Visita nuestro sitio web!

www.ingramcontent.com/pod-product-compliance
Lightning Source LLC
Chambersburg PA
CBHW080426030426
42335CB00020B/2613